Caroline Märki & Knut Krüger

Kinder brauchen unperfekte Eltern

Caroline Märki & Knut Krüger

Kinder brauchen unperfekte Eltern

Warum Erziehung von Fehlern lebt

Bonus:
Gespräche mit
Jesper Juul

KÖSEL

FSC www.fsc.org
MIX
Papier | Fördert gute Waldnutzung
FSC® C083411

Penguin Random House Verlagsgruppe FSC® N001967

Redaktion: Melanie Hartmann
Umschlaggestaltung: FAVORITBUERO, München
Umschlagmotive: U1 – Julia Volk / Stocksy United; U3 – Nils Landolt
Illustrationen im Innenteil: stock.adobe.com: 10 (dadan); 21, 166 (OneLineStock); 22, 64 (ngupakarti); 34 (Nyong Line); 46 (ColorValley); 86 (l.v.l); 108 (Ольга Фурманюк); 120 (Maryan); 134 (Jayd); 148 (Garkusha Art); 157 (ad_stock); 158 (senimanto); 168 (mitay20)
Satz: Satzwerk Huber, Germering
Druck und Bindung: CPI books GmbH, Leck
Printed in Germany
ISBN 978-3-466-31218-4

www.koesel.de

Inhalt

Wir möchten uns bei den Kindern sowie dem Mann von Caroline Märki herzlich dafür bedanken, dass sie sich mit den authentischen Familienbeispielen in diesem Buch einverstanden erklärt haben.

Warum wir dieses Buch schreiben

Wer die Kindererziehung der vergangenen Jahrzehnte in den Blick nimmt, sieht sich vor allem mit zwei weitreichenden Fehlschlägen konfrontiert. Die strikte Gehorsamskultur früherer Tage gehört glücklicherweise der Vergangenheit an, wenngleich ihre Überreste in mehr oder minder getarnter Form weiterexistieren. Die ebenso radikale wie folgerichtige Antwort auf die autoritäre Erziehung – die sogenannte antiautoritäre Erziehung – darf ebenfalls als gescheitert betrachtet werden. Gar keine Führung ist eben keinesfalls besser als zu viel Führung, sondern zwingt die Kinder dazu, die Verantwortung tragen zu müssen, der sich ihre Eltern entzogen haben.

Nach diesem Scheitern der »Extreme« bemühen sich die Eltern von heute um den goldenen Mittelweg, verzichten weitgehend auf pädagogische Dogmen und versuchen, individuelle Regeln für das Leben in der Familie zu finden. In der Kindererziehung gibt es nun mal keine unfehlbare Methode, die uns zuverlässig vor Konflikten bewahrt, die Familie zu einem Hort der Glückseligkeit macht und den Kindern zudem einen guten Schulabschluss garantiert – leider.

Das Bedürfnis nach Hilfestellung und Orientierung ist somit sprunghaft gestiegen – wer auf keine Erziehungsmethode zurückgreifen kann, die scheinbar immer funktioniert und allgemein anerkannt ist, muss notgedrungen eigene Kriterien entwickeln und sich auch mit sich selbst und der eigenen Rolle als Mutter oder Vater auseinandersetzen.

Orientierung bei diesem Bemühen bieten die Leuchttürme unter den Pädagoginnen und Familientherapeuten, und manchmal sind ihre Erkenntnisse so bahnbrechend, dass sie ganzen Elterngenerationen das Gefühl vermitteln, von einer Last befreit zu sein und besser atmen zu können.

Einer dieser Leuchttürme ist der 2019 verstorbene dänische Familientherapeut Jesper Juul, dessen Denken wir uns verpflichtet fühlen und der unser beider Leben so nachhaltig geprägt hat.

Caroline fühlte sich nach der Geburt ihres dritten Kindes überfordert und hatte das Gefühl, als Mutter zu versagen. Als ihr eine Kollegin ein Buch von Jesper Juul schenkte, wurde die Lektüre zu einem Schlüsselerlebnis und Wendepunkt in ihrem Leben. Was Juul schrieb, war so einleuchtend und überzeugend, dass sie ihre Kinder fortan nach seinen Prinzipien erziehen wollte. Doch damit nicht genug – sie ließ sich von ihm zur Familienberaterin ausbilden und gründete die Organisation familylab Schweiz, die sich in ihren

Seminaren und Ausbildungsformaten für Eltern und Pädagogen auf die Werke und Werte von Jesper Juul stützt.

Knut hat einige der wichtigsten Bücher von Jesper Juul wie *Dein kompetentes Kind, Was Familien trägt* oder *Nein aus Liebe* ins Deutsche übertragen. Auch ihm ist es ein Herzensanliegen, Juuls Ideen und Konzepte zu bewahren, neu zu beleben und für die nächste Generation nutzbar zu machen.

Juuls undogmatisches Denken, das alle starren Erziehungsmethoden ablehnte und sich ganz auf seine persönliche Erfahrung stützte, hat zentrale Erkenntnisse der Säuglings- und Hirnforschung vorweggenommen. Vor allem hat er uns gelehrt, dass Kinder als vollwertige Menschen auf die Welt kommen und von Anfang an grundlegende Kompetenzen besitzen, deren Entfaltung empathischer und »gleichwürdiger« Begleitung bedarf. Das mag sich heute so selbstverständlich anhören, doch das traditionelle Menschenbild des Neugeborenen als einem unzivilisierten Halbwesen, das in einem mühseligen Erziehungsprozess zu einem »ganzen Menschen« geformt werden müsse, steckt immer noch in vielen Köpfen.

Die Werte, für die Juul eintrat – Gleichwürdigkeit, Integrität, Authentizität, persönliche Verantwortung –, haben nichts von ihrer Bedeutung für gelingende Beziehungen eingebüßt. Hinter dem Begriff der Gleichwürdigkeit verbirgt sich die Haltung, dass die Bedürfnisse aller Familienmitglieder gleich wichtig sind und gleich ernst genommen werden müssen – wobei die Führungsrolle der Erwachsenen außer Frage steht.

Doch so sehr wir uns bemühen, diese Werte auch in der Kindererziehung mit Leben zu füllen, so schnell fallen wir immer wieder in traditionelle Verhaltens- und Denkmuster zurück. Caroline begegnet als Familienberaterin Eltern und Pädagoginnen, die in Not sind und häufig an der Umsetzung dieser Werte scheitern, weil althergebrachte Überzeugungen und Verhaltensweisen tief in ihnen verwurzelt sind. Es mutet schon paradox an, dass wir auf der Suche nach neuen Wegen so gern zu alten Rezepten greifen – zu Glaubenssätzen und Erziehungsmythen, die wir weitgehend für überwunden hielten.

»Eltern müssen konsequent sein« ist so ein Glaubenssatz, den wohl die meisten von uns unterschreiben würden. Doch was verstehen wir eigentlich unter Konsequenz und wozu ist sie gut? Und sind die »Konsequenzen«, die wir unsere Kinder spüren lassen, nicht nur ein netteres Wort für Strafen? Viele Eltern sind sehr kreativ darin, die Anteile ihrer Erziehung, die ihnen tendenziell unangenehm sind, zu verschleiern oder mit einem neuen Etikett zu versehen. Wir werden im Kapitel »›Es muss doch Konsequenzen geben.‹ – Es gibt eine Alternative zu Sanktionen und Strafen« näher darauf eingehen.

Der Glaube an die allein selig machende Erziehungsmethode scheint zu schwinden, doch im Stillen hoffen wir immer noch darauf, dass zumindest ein paar goldene Regeln existieren, die uns im Alltag weiterhelfen. Auch deshalb klammern wir Erziehenden uns wohl so hartnäckig an Glaubenssätze wie »Kindern muss man Grenzen setzen« oder »Lob stärkt das Selbstwertgefühl«, weil sie uns Sicherheit geben und sich so überzeugend anhören – zumindest solange wir nicht näher über sie nachdenken.

Glaubenssätze in der Erziehung sind unser Anker in den Stürmen des Alltags. Solange wir uns an ihnen orientieren, wähnen wir uns auf der sicheren Seite. Sie sind die Grundpfeiler unserer pädagogischen Anschauung. Sie verleihen dem unübersichtlichen Feld der Erziehung Klarheit und Struktur und vermitteln uns zudem das Gefühl, verantwortungsvolle Eltern zu sein, solange wir uns nur an diese ewig gültigen Richtlinien halten.

Doch was ist, wenn diese Richtlinien uns in die falsche Richtung führen? Wenn sie uns zurücktreiben statt nach vorne zu weisen?

Was es braucht, ist kein starres Festhalten an scheinbar goldenen Regeln, sondern eine völlig neue Haltung im Umgang mit unseren Kindern und miteinander. Und die wird uns erst gelingen, wenn wir die Missverständnisse, die mit diesen Glaubenssätzen einhergehen, endgültig über Bord werfen – und unseren Hang zum Perfektionismus gleich mit ihnen!

Viele Eltern wollen heute nicht nur gut, sondern perfekt sein und legen die Messlatte für ihre Elternschaft in schwindelerregende Höhen. Wer wollte es ihnen verdenken? Gerade in der Kindererziehung wollen wir alles richtig machen, und kaum etwas nagt so sehr an uns wie das Gefühl, auf diesem zutiefst persönlichen und sensiblen Gebiet zu versagen. Der Vorwurf, keine gute Mutter oder kein guter Vater zu sein, kann uns bis ins Mark treffen.

Doch zum einen taugt der Begriff der Perfektion nicht, um die Qualität zwischenmenschlicher Beziehungen zu beschreiben; zum anderen setzt unser Perfektionsdrang einen Teufelskreis aus Scham und Schuld in Gang, aus dem wir nur schwer wieder herausfinden.

Perfektion mag es beim Eiskunstlauf oder in der Hundeerziehung geben. Eine makellose Pirouette ist eine makellose Pirouette, und wem es ausschließlich um Befehl und Gehorsam geht, der wird sich glücklich schätzen, seinen Vierbeiner mit den bewährten Kommandos wie »Sitz« und »Platz« tadellos erzogen zu haben.

Ein Perfektionsanspruch in der Kindererziehung ist hingegen ebenso absurd wie belastend für alle. Denn perfektionistische Eltern setzen nicht nur sich selbst einem schier unmenschlichen Druck aus, sondern erwarten natürlich auch von ihren Kindern nichts anderes als Perfektion: Aktiv und kreativ sollen sie sein, eigenständig und sozial kompetent, freundlich und zugewandt, aber nicht zu angepasst; kompromissfähig, doch mit kritischem Geist; ebenso zielstrebig wie uneigennützig; mit guten Noten, interessanten Hobbys und den richtigen Freunden und so weiter und so fort.

Der erwähnte Teufelskreis wird dann in Gang gesetzt, wenn die Eltern ihre Frustration darüber, sich als Erziehende manchmal unfähig und hilflos zu fühlen, an ihren Kindern auslassen. Bei den Kindern führt das zu Scham und Schuldgefühlen, weil sie die Botschaft empfangen, »verkehrt« zu sein und den Anforderungen nicht zu genügen. Dadurch sind sie nicht in der Lage, ein gesundes Selbstwertgefühl aufzubauen, was sie später anfällig dafür macht, das Verhalten ihrer Eltern zu wiederholen.

Dabei ist es ganz normal, dass sich Eltern durch ihre Kinder überfordert fühlen, an ihre Grenzen gelangen und manchmal nicht weiterwissen. Schließlich sind wir doch alle irgendwann zum ersten Mal Eltern und haben ein Recht darauf, Fehler zu machen – bei all unseren Kindern und immer wieder.

Jesper Juul hat einmal gesagt, dass die besten Eltern zwanzig Fehler am Tag machen. In seinen Vorträgen erhöhte er die tolerierbare Fehlerzahl manchmal augenzwinkernd auf fünfzig, denn hier geht es um das grundsätzliche Zugeständnis an uns selbst, dass wir fehlerhaft und unvollkommen sind. Leider werden Fehler in unserer Gesellschaft allzu oft als etwas Negatives betrachtet, als Makel, den man umgehend beseitigen muss – nicht aber als Notwendigkeit und Chance, zu lernen und sich als Mensch zu entwickeln, was für uns alle viel gesünder wäre.

Dass wir in unserem Denken darauf gepolt sind, Fehler zu erkennen, statt das Gute und Richtige zu schätzen, zeigt eine einfache Übung, die Caroline gern während ihrer Vorträge macht. Sie zeigt den Zuhörerinnen folgende vier Gleichungen und fragt, was an diesen auffällt:

3 + 4 = 7
22 – 11 = 11
66 : 3 = 22
12 x 4 = 50

Meistens dauert es relativ lange, ehe aus dem Publikum die erste Wortmeldung kommt, denn wer will schon in Gegenwart so vieler Menschen einen Fehler machen!

Die Wortmeldung ist fast immer dieselbe: »Das letzte Ergebnis ist falsch.« Eine zweifellos richtige Antwort. Dennoch könnte man genauso gut feststellen, dass die Ergebnisse der ersten drei Gleichungen richtig sind. Doch das fällt den allerwenigsten auf, weil wir Erwachsene so sehr darauf getrimmt sind, Fehler zu erkennen und zu benennen.

Auch im Familienleben würde uns eine neue und nachsichtigere »Fehlerkultur« entlasten, was keineswegs als Aufforderung zu verstehen ist, Probleme unter den Teppich zu kehren. Aber wir können uns angewöhnen, das Gelingende mehr wertzuschätzen statt uns am vermeintlich Fehlerhaften festzubeißen.

Erziehung ist vor allem »learning by doing«, ist Trial and Error und folgt keinen vorgestanzten Regeln oder Methoden. Jede Familie ist anders, und was sich bei der einen als konstruktiv erweist, kann in der anderen misslingen. Jede Gemeinschaft von Eltern und Kindern setzt sich aus vielschichtigen und unterschiedlichen Individuen zusammen, deren Bedürfnisse sich enorm voneinander unterscheiden. Das schließt für die Erziehenden die Notwendigkeit mit ein, sich suchend voranzutasten, Dinge auszuprobieren, zu verwerfen und zu korrigieren, innezuhalten und den nächsten Versuch zu starten – auf der Suche nach einer besseren Lösung für alle. Dass dieses Vorwärtstasten und Ausprobieren von einer Vielzahl kleiner und größerer Konflikte begleitet wird, ist gut und richtig so.

Wir möchten allen Eltern Mut machen, gelassen mit den eigenen Unzulänglichkeiten umzugehen und sich vom Druck zu befreien, auf alles eine Antwort haben zu müssen. Vom gnadenlosen Anspruch an sich selbst, keine Fehler machen zu dürfen und über jeden Zweifel erhaben zu sein.

»Kinder haben keine Probleme mit den Fehlern der Eltern, solange wir die Verantwortung dafür übernehmen und zu unserer Verwirrung und unseren Grenzen stehen.«

Jesper Juul

Kinder brauchen Eltern, die keinen Hehl daraus machen, manchmal nicht weiterzuwissen. Die in der Lage sind, zu ihren Fehlern zu stehen und ihren Sprösslingen offen heraus mitzuteilen: »So eine Mutter oder so ein Vater bin ich eben. Aber das wisst ihr ja.«

Wenn wir den Mut finden, unperfekt, nahbar und verletzlich zu sein, ist schon vieles gewonnen. Und wenn wir die unumgänglichen Irrtümer in der Erziehung als Chance begreifen, uns gemeinsam mit unseren Kindern zu entwickeln, sind wir auf dem richtigen Weg – unserem Weg. Dass dieser Weg unauflöslich mit unserer spezifischen Persönlichkeit verbunden ist, macht ihn so einzigartig und wertvoll.

Die Erziehungsmythen oder Glaubenssätze, die wir im Hauptteil dieses Buches infrage stellen, sollen zum Nachdenken über das anregen, was wir viel zu lange als gegeben hingenommen haben. Wir wollen damit keineswegs neue Dogmen aufstellen oder neue Glaubenssätze verkünden. Doch es kann ebenso erhellend wie befreiend sein, über vertraute Begriffe wie Verantwortung, Gleichwürdigkeit, Lob, Grenzen, Konsequenzen, Harmonie etc. neu nachzudenken und sie aus vielleicht ungewohnter Perspektive zu betrachten.

Wenn wir die traditionellen Missverständnisse unserer Erziehungskultur ad acta legen, entlasten wir uns selbst und schaffen den nötigen Raum, damit unsere Kinder genauso unperfekt sein dürfen, wie wir es sind.

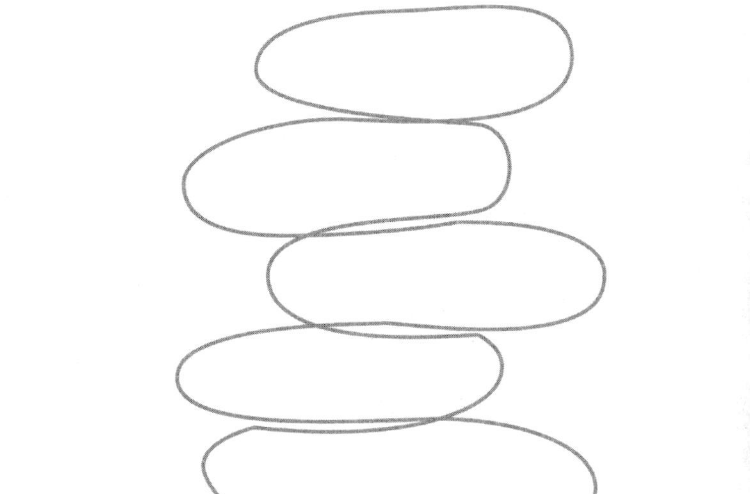

»Kinder müssen lernen,
Verantwortung zu übernehmen.«

Für sich oder für andere?

Unsere Gesellschaft ist heute fraglos bunter und vielfältiger denn je. Der alte gesellschaftliche Konsens darüber, was richtig und was falsch ist, was »man« zu tun und zu lassen hat, verblasst immer mehr und weicht einem breiten Spektrum individueller Lebensformen.

Die Freiheit, so zu leben, wie wir wollen, stellt uns aber auch vor neue Herausforderungen und fordert ein hohes Maß an persönlicher Verantwortung. Sie bedingt, dass wir wissen, was wir wollen – und vor allem, was wir nicht wollen! Sie zwingt uns Tag für Tag, Entscheidungen zu treffen. Sie konfrontiert uns mit Fragen, auf die es keine vorgefertigten Antworten gibt. Und je weniger wir uns durch soziale Normen unter Druck gesetzt fühlen, desto mehr sind wir darauf angewiesen, unserer eigenen Richtschnur und unserem inneren Kompass zu folgen, kurzum: einen eigenen Wertekanon zu entwickeln.

Hinzu kommt, dass die Welt unübersichtlicher erscheint als je zuvor und die drängenden globalen Fragen uns alle herausfordern, bisherige Grundsätze und Überzeugungen auf den Prüfstand zu stellen.

Die Eltern von heute sehen sich also nicht nur mit den altbekannten Fragen konfrontiert, wann die Kinder ins Bett gehen oder nach Hause kommen sollen oder ob sie Hilfe bei den Hausaufgaben brauchen, sondern sie müssen auch zu folgenden Themen Stellung beziehen:

- Digitale Medien sind aus der heutigen Zeit nicht mehr wegzudenken. Schon Kinder im Vorschulalter wachsen ganz selbstverständlich damit auf, lernen z. B. mithilfe von Tablets oder vertreiben sich die Zeit mit Computerspielen. Wie können wir sie behutsam auf ihrem Weg in diese Welt begleiten, ohne ihre psychosoziale und emotionale Entwicklung negativ zu beeinflussen?
- Meine 13-jährige Tochter will sich vegan ernähren. Bin ich damit einverstanden?
- Wie stehe ich dazu, dass immer mehr Jungen und Mädchen in meinem Umfeld davon überzeugt sind, im falschen Körper zu leben? Ist dieses Hinterfragen der eigenen Sexualität mehr als eine Modeerscheinung?
- Unser Sohn greift uns offen an, weil wir weiterhin Flugreisen unternehmen und ein Privatauto haben. Wie machen wir ihm unseren Standpunkt klar, ohne uns rechtfertigen zu müssen?

Persönliche und soziale Verantwortung

Solche Themen können Eltern sprichwörtlich auf dem falschen Fuß erwischen, weil sie ihre eigene Unsicherheit und Inkompetenz spüren – und nichts widerstrebt Eltern mehr, als sich inkompetent und ratlos zu fühlen.

Oft geht diese Ratlosigkeit mit Schuldgefühlen einher, weil sie Eltern das Gefühl vermittelt, ihrer Vorbildfunktion nicht gerecht zu werden und als Erziehende zu versagen. Eltern haben sich viel zu lange in der Rolle derer gesehen, die auf alles eine Antwort haben. Teils geschah dies, um die eigene Macht abzusichern, teils um dem verständlichen Wunsch Rechnung zu tragen, den Kindern Halt und Orientierung zu geben. Glücklicherweise fällt es den Eltern heute meist leichter als früher, ihre Unsicherheit und Verletzlichkeit einzugestehen, sowohl einander als auch ihren Kindern gegenüber.

> Doch wie finden wir unsere eigene Richtschnur? Welche Kriterien bestimmen unser Handeln? Wie kann ich als Mutter oder Vater einerseits offen und verletzlich sein und andererseits meine Führungsrolle wahrnehmen? Der Ausweg aus diesem Dilemma heißt persönliche Verantwortung.

Es ist ein Begriff, der so einleuchtend klingt, dessen Tragweite für das Wohlergehen des Einzelnen und der Gemeinschaft aber den wenigsten von uns bewusst ist. Wir alle kennen hingegen die Art von Verantwortung, die über Generationen hinweg als zentraler Wert in der Kindererziehung betrachtet wurde und die auch *soziale Verantwortung* genannt wird.

Kinder müssen lernen, Verantwortung zu übernehmen, ist eine klassische Elternformulierung, die in der Regel keinerlei Widerspruch auslöst. Es spricht ja auch nichts dagegen, sich verantwortungsvoll um sein Haustier zu kümmern und getroffene Vereinbarungen einzuhalten – im Gegenteil. Aber es ist eben nur eine Seite der Medaille, denn das einseitige Betonen der Verantwortung, die wir gegenüber anderen haben, führt auch dazu, dass wir unsere eigenen Bedürfnisse zugunsten der Gemeinschaft unterdrücken und verleugnen.

Raum für den Ungehorsam

Jahrzehntelang wurde uns eine Art der Verantwortung gepredigt, die komplett nach außen gerichtet ist. Stets ging es darum, sich gut aufzuführen, sich anzupassen, nicht aufzufallen und bloß nicht »kompliziert« zu sein. Eigene Gedanken und Gefühle mussten zum Wohl der Gemeinschaft unterdrückt und aufgegeben werden. Kurzum, es wurde eine spezielle Art des Gehorsams verlangt.

Im Umkehrschluss wurde der Ungehorsam fälschlicherweise als das Gegenteil von Gehorsam angesehen, statt als persönlicher und sozialer Reifeprozess. Ungehorsam ist ein wichtiger Entwicklungsschritt des Kindes, um seine innere Verantwortlichkeit herauszubilden. Deshalb ist die einzig sinnvolle Alternative zum Gehorsam die persönliche Verantwortung.

> Mit persönlicher Verantwortung ist die Verantwortung gemeint, die wir uns selbst gegenüber haben und die uns niemand abnehmen kann. Sie dient vor allem dem Schutz unserer Integrität.

Wer für die eigenen Handlungen, Gefühle und Gedanken die Verantwortung übernimmt, schützt sich zudem vor Schuldgefühlen und verhindert, von anderen übergangen, ausgenutzt und manipuliert zu werden.

Da die persönliche Verantwortung das Individuum in den Mittelpunkt stellt, wird sie zuweilen als Egoismus missverstanden. Wer sich zunächst um sein eigenes Wohlergehen statt um seine Mitmenschen kümmert, wird schnell als unsozial abgestempelt. Dabei ist das Gegenteil der Fall, da Menschen, die für die eigene Integrität Sorge tragen, immer auch ein Gewinn für die Gemeinschaft sind.

Bei Caroline trug ein persönliches Erlebnis vor ein paar Jahren dazu bei, ihr als Mutter in dieser Hinsicht die Augen zu öffnen:

Unsere mittlere Tochter war damals 15 Jahre alt und musste wegen eines Betriebspraktikums jeden Tag um 7 Uhr den Zug nehmen, um rechtzeitig ihren Arbeitsplatz zu erreichen. Ihr Zeitmanagement machte mich hochgradig nervös. Jeden Tag stand N. um zehn vor sieben auf, zog sich in aller Ruhe an und verließ zwei Minuten vor sieben das Haus. Ich muss dazusagen, dass sich der Bahnhof in Sichtweite unseres Hauses befindet, aber dennoch! N. versicherte mir ein ums andere Mal, dass sie den Zug schon erwischen werde und ich mich entspannen sollte, was mir natürlich nicht gelang. Immerhin zwang ich mich zu äußerer Gelassenheit und übertrug ihr die Verantwortung.

Am vierten Tag kam es so, wie ich es die ganze Zeit befürchtet hatte: N. verpasste den Zug. Sie war bereits auf dem Weg zum Bahnhof, als sie bemerkte, dass sie ihre Fahrkarte vergessen hatte. Sie spurtete also den kleinen Hügel hinauf, an dem wir wohnen, rannte durchs ganze Haus, schnappte sich die Fahrkarte von ihrem Schreibtisch und legte einen fulminanten Endspurt zum Bahnhof hin. Dort angekommen, hätte sie den Zug sogar noch erreicht, doch ihr war so übel und schwindelig, dass sie fürchtete, sich übergeben zu müssen. Deshalb stieg sie nicht in den Zug, sondern rief mich an: »Mama, mir geht's so schlecht, was soll ich jetzt machen?«, fragte sie mich.

Zunächst gelang es mir, mich einigermaßen zu beherrschen. Die Übelkeit würde bestimmt rasch vorübergehen, versuchte ich sie zu beruhigen, aber in Zukunft müsse sie einfach mehr Zeit einplanen.

Als N. darauf erwiderte: »Aber ich kann doch nichts dafür, dass ich die Fahrkarte vergessen habe und dass mir schlecht geworden ist«, platzte mir endgültig der Kragen. »Und ob du was dafürkannst«, schrie ich sie an und warf ihr alles an den Kopf, was sich bei mir seit Tagen aufgestaut hatte. Ich fand es unverschämt, dass sie nicht einmal die Verantwortung für ihr »Versagen« übernehmen wollte. Irgendwann wurde es N. zu viel und sie legte einfach auf.

Noch sehr aufgebracht, erzählte ich die Geschichte meinem Sohn. Doch er blaffte mich sofort an, ich solle ihn doch mit »diesem Scheiß« in Ruhe lassen. Dann verließ er so wütend das Haus, wie ich mich fühlte.

Herrje, was hab ich da nur angerichtet, fragte ich mich bestürzt. Warum ist er so wütend auf mich?

Ich rief meinen Mann an, um wenigstens von ihm ein wenig Unterstützung zu erhalten, doch wir stritten uns nur herum, weil er meinte, dass ich nach dem Satz »Ich kann doch nichts dafür ...« überreagiert und mich im Ton vergriffen hätte.

Ich fühlte mich unverstanden und beendete das Gespräch.

Was ist nur los mit mir, fragte ich mich frustriert. Warum ist immer noch diese Wut in mir? Warum bin ich so aus der Haut gefahren und warum fällt es mir so schwer, mich wieder zu beruhigen?

Als ich länger darüber nachdachte, konnte ich meine Wut plötzlich mit Verletzungen aus meiner Kindheit in Zusammenhang bringen. Auf meiner Entdeckungsreise nach innen wurde mir klar, dass sich ein großer Teil meiner Wut auf eine Person aus meiner Vergangenheit richtete und nicht auf meine Tochter. Sie hatte diese schmerzhafte Erinnerung nur unwissentlich ausgelöst.

Diese Erkenntnis traf mich wie ein Schock, wenngleich es ein heilsamer Schock war. Ich wurde von einer übermächtigen Trauer gepackt und ließ meinen Tränen freien Lauf. Zum einen trauerte ich über die Narben aus meiner Vergangenheit und zum anderen über die missglückte Begegnung mit meiner Tochter. Durch mein Verhalten habe ich N. genauso einsam gemacht, wie ich es in meiner Kindheit manchmal gewesen war und worunter ich sehr gelitten hatte.

Am Abend habe ich mich bei N. entschuldigt und ihr erklärt, dass ein Großteil dessen, was ich gefühlt und zu ihr gesagt habe, nichts mit ihr zu tun hatte. Ich habe ihr versichert, wie schön ich es finde, dass sie mich in ihrer Not angerufen hat, und dass es mir leidtut, sie in diesem Moment nicht unterstützt zu haben.

Dass unsere Kinder prädestiniert dafür sind, unsere Narben der Vergangenheit zu berühren – davon soll in einem späteren Kapitel noch die Rede sein (»›In unserer Familie soll es vor allem harmonisch zugehen.‹«).

Mit der »Entdeckungsreise nach innen« ist im Übrigen weder eine tiefschürfende Selbstanalyse gemeint, noch braucht es dazu eine fachliche Begleitung. Es geht um die Bereitschaft, innezuhalten und den Blick auf sich selbst zu richten. Es geht um die Fähigkeit und den Willen, über unsere eigenen Handlungen und Emotionen nachzudenken. Wie geht es mir gerade? Warum verhalte ich mich so und nicht anders? Meist liegt unser Fokus als Mutter oder Vater so sehr auf der Erziehung des Kindes, dass wir unsere eigenen Empfindungen nicht hinreichend wahrnehmen und reflektieren. Doch schon der Fokuswechsel allein – weg vom Kind, hin zu sich selbst – bringt viele wertvolle Gedanken zum Vorschein. Wer sich darin übt, der lernt sich besser kennen und kann für seine Taten und Worte persönliche Verantwortung übernehmen, wozu Caroline während des Telefongesprächs mit ihrer Tochter leider nicht in der Lage war:

Als N. gerade dabei war, eine wichtige Lebenserfahrung zu machen und zu erleben, wie es sich anfühlt, den eigenen Erwartungen nicht zu genügen, habe ich sie runtergeputzt. Was sie in diesem Moment von mir gebraucht hätte, wären Empathie und Verständnis für ihre Situation gewesen. Dafür, dass sie sich elend fühlte und Angst hatte, sich übergeben zu müssen. Für ihre Unsicherheit, ob sie richtig gehandelt hatte oder nicht. Diese Empathie wäre für meine Tochter die Grundlage dafür gewesen, sich in einen inneren Prozess zu begeben und aus ihrem eigenen Verhalten zu lernen.

Hätte ich die persönliche Verantwortung für mein Verhalten und meine Emotionen übernommen, hätte ich den Blick nach innen gerichtet und mich gefragt: *Was passiert gerade mit mir? Woher kommt diese brodelnde Wut?* Dann wäre ich in der Lage gewesen, meiner Tochter zuzuhören und Interesse daran zu zeigen, was genau sie mir erzählt und wie sie die Situation erlebt. Und vielleicht wäre ich sogar in der Lage gewesen, ihr sogleich Anerkennung dafür zu zollen, dass sie im Gegensatz zu mir sehr wohl persönliche Verantwortung an den Tag gelegt hat. Sie ist nicht in den Zug gestiegen, weil sie Angst hatte, sich übergeben zu müssen, was sie den anderen Passagieren nicht zumuten wollte. Das ist persönliche und soziale Verantwortung in einem.

»Oje«, werden manche jetzt denken. »Darf ich denn in einer solchen Situation wirklich nicht aus der Haut fahren? Muss ich meine spontane Verärgerung runterschlucken und stattdessen in mich gehen, um mich selbst besser zu verstehen? Das hört sich aber ganz schön anstrengend an!«

Gegenfrage: Was ist anstrengender? Immer wieder situativ aus der Haut zu fahren und sich später dafür zu entschuldigen oder innezuhalten und den eigenen Verhaltensmustern auf die Spur zu kommen, was letztlich ein befreiender Vorgang ist?

Wenn wir in die Luft gehen, ist das kein Drama an sich, solange wir auch für unseren Wutausbruch die Verantwortung übernehmen, statt andere dafür verantwortlich zu machen.

Genau *das* ist mit persönlicher Verantwortung gemeint: im vollen Umfang zu unserem persönlichen Verhalten und unseren Gefühlen zu stehen, mitsamt all unseren Schwächen, Fehlern und Selbstzweifeln.

Im Wissen, dass uns niemand so gut kennt, wie wir uns selbst, können wir über uns nachdenken, um unser Verhalten und unsere Entscheidungen zu überprüfen.

Im Gegensatz zur sozialen Verantwortung kann die persönliche Verantwortung an niemanden delegiert werden. Und anderen die Schuld in die Schuhe zu schieben, ist stets ein sicheres Zeichen dafür, dass es an persönlicher Verantwortung mangelt.

> *»Es gibt keinen anderen Menschen, der genauso ist wie ich, und deshalb auch niemanden, der mich besser kennt als ich selbst, und deshalb muss ich selbst die Verantwortung für mich übernehmen.«*
>
> *Jesper Juul*

Mit ein wenig zeitlichem Abstand habe ich meiner Tochter dann doch noch ein persönliches Feedback gegeben und ihr meine Auffassung von einer realistischen Zeitplanung erklärt. Doch im Grunde war das nur eine erzieherische Beruhigungspille für mich selbst. Der eindrücklichen Lebenserfahrung, die meine Tochter an diesem Tag gemacht hatte, konnten meine gut gemeinten Worte sicher nicht das Wasser reichen.

Sich selbst umarmen

Eltern, die ihre Ohnmacht spüren und nicht mehr weiterwissen, machen entweder ihre Kinder für ihre unangenehmen Gefühle verantwortlich oder sie werden von einem Strudel aus Selbstverurteilung und Schuldgefühlen erfasst: »Ich bin eine schlechte Mutter oder ein schlechter Vater, ich hätte es besser wissen müssen, ich bin nicht gut genug ...«

Doch Kinder haben nichts davon, wenn wir uns schuldig fühlen. Es schwächt sie vielmehr, weil sie die implizite Botschaft empfangen, selbst nicht gut genug zu sein.

Statt unsere Zweifel und negativen Gefühle beseitigen zu wollen, was viel Energie kostet, sollten wir sie lieber so unaufgeregt wie möglich in unser Bewusstsein integrieren. Nach dem Motto: Ich bin unperfekt und das ist auch gut so.

Wir brauchen das, was wir fühlen und erleben, nicht zu interpretieren oder zu bewerten, sondern können es so annehmen, wie es ist. Auf diese Weise umarmen und vergeben wir uns selbst.

Wenn wir uns selbst liebevoller und nachsichtiger begegnen, sind wir sowohl im besseren Kontakt mit dem eigenen Ich als auch mit unserem Kind, das durch unser Vorbild ganz nebenbei lernt, wie man mit den herausfordernden Seiten der eigenen Persönlichkeit umgehen kann.

»Es muss doch Konsequenzen geben!«

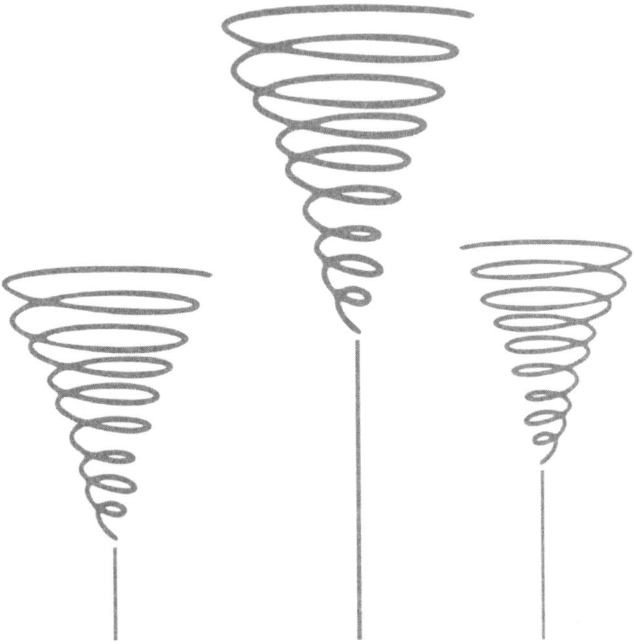

Es gibt eine Alternative zu Sanktionen und Strafen.

Welche Ziele verfolgen wir mit unserer Erziehung? Was für Kinder wollen wir später einmal haben?

Wollen wir, dass sie sich in unseren Fußstapfen bewegen und stets auf dem vermeintlich sicheren Weg bleiben? Wollen wir, dass sie all unsere gut gemeinten Ratschläge und Anweisungen befolgen, weil sie doch ohnehin lernen müssen, sich Autoritäten zu fügen? Weil es im Leben eben auch darum geht, sich anzupassen und unterzuordnen?

Oder wollen wir, dass sie sich zu unabhängigen und kritischen Persönlichkeiten entwickeln? Zu streitbaren, auch mal unbequemen Erwachsenen, die auf der Grundlage ihres eigenen Wertefundaments persönliche Verantwortung für ihre Entscheidungen übernehmen?

Bis weit ins 20. Jahrhundert hinein bestand die traditionelle Kindererziehung vor allem darin, das Verhalten der Kinder zu kritisieren und zu korrigieren, wenn diese sich »falsch« verhalten hatten oder sich den Anordnungen ihrer Eltern beziehungsweise anderer Autoritäten widersetzten.

Spätere Elterngenerationen haben vermehrt auf das Prinzip der positiven Verstärkung gesetzt, also auf Lob und Bestätigung, um das Verhalten ihrer Sprösslinge in die gewünschte Richtung zu lenken, was im Vergleich zur althergebrachten bevormundenden Erziehung schon mal ein gewisser Fortschritt war.

Geblieben ist bis heute die Diskussion über den Sinn und Unsinn von Strafen und Sanktionen in der Kindererziehung. Da wir leider dazu neigen, in Gegensätzen statt in Alternativen zu denken, wird diese Diskussion von einem scheinbaren Gegensatz überlagert: Eltern, die Strafen aus prinzipiellen Erwägungen ablehnen, machen sich schnell des Laisser-faire und der Faulheit verdächtig. Manche betrachten sie sogar als Vertreter der weithin gefürchteten »antiautoritären Erziehung«, obwohl diese in Reinkultur so gut wie nie vorkommt und eher als Schreckgespenst in pädagogischen Diskussionen dient.

Fast alle Eltern bemühen sich heutzutage, ihrer Führungsrolle nach bestem Wissen und Gewissen gerecht zu werden. Und obwohl kaum jemand von ihnen daran glaubt, dass Strafen die Einsicht fördern, sind doch auffallend viele nach wie vor der Meinung, dass es ganz ohne Strafen und Sanktionen nun mal nicht ginge. Zum einen fürchten sie vermutlich, ohne dieses erzieherische Element den Kindern gegenüber an Glaubwürdigkeit zu verlieren. Zum anderen treibt sie die Sorge um, dass ihre Kinder sich ohne jede Strafandrohung zu den viel diskutierten »kleinen Tyrannen« entwickeln, die ihren Eltern von früh bis spät auf der Nase herumtanzen.

Um uns in dieser Sache möglichst elegant aus der Affäre zu ziehen, sind wir quasi kollektiv dazu übergangen, nicht mehr von *Strafen*, sondern von *Konsequenzen* zu reden. »Es muss doch Konsequenzen geben« ist ein häufig gehörter Satz, selbst wenn es der sogenannten Konsequenz an jeder logischen Begründung mangelt.

Natürlich gibt es zahllose Konsequenzen im Leben: Wenn man im Regen spazieren geht, wird man nass. Wer ein Glas fallen lässt, kann hinterher die Scherben aufkehren. Und wer nichts davon hält, sich die Zähne zu putzen, kann davon ausgehen, irgendwann Karies zu bekommen. Das alles sind Beispiele für logische Folgen des eigenen Verhaltens, die man auch natürliche Konsequenzen nennen könnte.

Wenn Eltern aber zum Mittel des Taschengeldentzugs oder des Handyverbots greifen, weil ihr Kind später nach Hause kam als verabredet oder seine Hausaufgaben nicht gemacht hat, so hat das nichts mit »Konsequenzen« zu tun. Dann handelt es sich eindeutig um eine Strafe im Rahmen der althergebrachten Wenn-Dann-Erziehung.

Schauen wir uns einmal an, was es mit so einer künstlichen Konsequenz auf sich hat und was die Alternative dazu wäre.

Ein Vater erzählt:

Meine Tochter ist zwölf Jahre alt und hat vor einem halben Jahr ihr erstes Handy bekommen. Wenn ich abends so um neun in ihr Zimmer gehe, um ihr eine gute Nacht zu wünschen, nickt sie mir nur zerstreut zu, weil sie immer noch am Tippen ist. Ich habe daraufhin das Gespräch mit ihr gesucht und ihr erklärt, dass ich nicht will, dass sie kurz vor dem Einschlafen noch mit ihrem Handy beschäftigt ist. Ich fürchte, dass das blaue Licht ihren Schlaf beeinträchtigt, vielleicht sogar gesundheitsschädlich ist – man liest ja so viel davon.

Trotzdem hat sich an ihrem Verhalten nichts geändert. Noch immer starrt sie jeden Abend auf das helle Display ihres Smartphones, wenn ich ihr Gute Nacht sagen will. Angetrieben von meiner Angst um ihr Wohlergehen, habe ich jetzt zu einer Konsequenz gegriffen und verfügt, dass sie ihr Handy jeden Abend um acht ausschalten und in die »Handygarage« legen muss. Ehrlich gesagt hatte ich bisher noch nie etwas von einer Handygarage gehört, doch ein befreundetes Paar erzählte mir, dass es seit einiger Zeit sehr erfolgreich damit sei und inzwischen viele Eltern in ihrem Bekanntenkreis so eine Handygarage eingeführt hätten.

Ich hatte allerdings nicht mit so einer heftigen Reaktion meiner Tochter gerechnet: »Dann kannst du das Handy gleich behalten!«, fauchte sie mich an.

Ich war etwas erschrocken und fügte versöhnlich hinzu, dass ich es doch gar nicht so gemeint hätte. Sie bekomme das Handy ja am nächsten Morgen gleich wieder. Nur zwischen 20 und 7 Uhr müsse sie es abgeben.

Daraufhin setzte sie zu einer langen Erklärung an und beschrieb mir ihren Tagesablauf. Dass sie am Morgen in die Schule gehe, mittags zu Hause schnell was esse, dann wieder in die Schule zurückkehre, ehe am Nachmittag Basketballtraining oder Klavierunterricht sei. Dass sie selten vor 19 Uhr nach Hause komme, nach dem Abendessen dusche und aufräume und erst um 20.30 Uhr Zeit habe, ein bisschen mit ihren Freundinnen zu quatschen. Wenn sie das nicht dürfe, könne sie auf ihr Handy auch ganz verzichten.

Ehrlich gesagt war ich total baff und ein bisschen verlegen. Natürlich kenne ich ihren Tagesablauf, nur hatte ich ihn noch nie aus ihrer Perspektive betrachtet. Sie macht ja alles so perfekt, dachte ich. Sie ist jeden Morgen pünktlich in der Schule, macht ihre Hausaufgaben, geht ihren Hobbys nach, räumt ihr Zimmer auf ... und natürlich will sie am Abend noch ein wenig mit ihren Freundinnen kommunizieren.

Das Thema Handykonsum ist damit nicht aus der Welt geschafft, doch halte ich es inzwischen für sehr unwahrscheinlich, dass es bei uns jemals zur Einführung einer Handygarage kommen wird.

Regeln als bequeme Art der Konfliktlösung

In der Erziehung gibt es immer wieder Situationen, die Eltern grundsätzliche Entscheidungen abnötigen. Natürlich können sie sich dafür entscheiden, ein Verbot zu erlassen oder eine Regel einzuführen, doch sollten sie dabei bedenken, dass Verbote und Regeln die einfachste – um nicht zu sagen – bequemste Art der Konfliktlösung sind. Es lohnt sich immer, in einen persönlichen und authentischen Dialog zu treten – auch auf die Gefahr hin, dass es zu einem offenen Konflikt kommt und das Kind unzufrieden oder frustriert ist. Denn nur so machen wir es möglich, einander besser kennenzulernen und miteinander klüger zu werden, wie auch folgendes Beispiel zeigt:

Fünf Jungen aus der zweiten Klasse gehen direkt nach der Schule bis 17 Uhr zusammen in den Hort. An einem bestimmten Tag packt sie plötzlich die Abenteuerlust und sie machen zwischendurch einen Abstecher zum Supermarkt, um Süßigkeiten zu kaufen. Für die Achtjährigen ist das eine aufregende Sache. Sie fühlen sich frei und tun etwas Verbotenes.

Als sie schließlich mit 15 Minuten Verspätung im Hort eintreffen, herrscht dort bereits große Aufregung, und als die Sache mit den Süßigkeiten auffliegt, werden sofort die Eltern der Jungen informiert. Schließlich trage man im Hort die Verantwortung für die Kinder und wolle sicherstellen, dass so etwas nicht wieder vorkomme.

Die Mutter von Max führt mit ihrem Sohn am Abend ein Gespräch über den Vorfall. Er erzählt bereitwillig, wie sich alles zugetragen hat und dass ihm nicht ganz wohl dabei gewesen sei, weshalb er auch mit einem anderen Jungen vor dem Supermarkt gewartet habe. Seine Mutter bittet ihn eindringlich, so etwas nicht wieder zu tun, dankt ihm aber auch für seine Offenheit und zollt ihm Anerkennung dafür, so ein gutes Gespür gehabt zu haben. Dafür, dass er selbst nicht im Supermarkt war, weil ihm dabei nicht wohl gewesen sei.

Die Anerkennung seiner Mutter ermutigt Max, auch weiterhin in sich hineinzuhorchen und seinem Gespür zu vertrauen. Hätte sie eine Strafe oder »Konsequenz« verkündet, wäre Max in Gedanken ganz bei der Strafe gewesen; er hätte sich darauf konzentriert, was mit ihm geschieht, nicht aber, wie es ihm in dieser Situation ergangen ist.

Je mehr wir versuchen, unsere Kinder durch Regeln und Strafen zu erziehen, desto weniger lernen sie, persönliche Verantwortung für ihr Tun zu übernehmen. Und je mehr wir unsere Kinder von oben herab belehren, kritisieren und bestrafen, desto schwerer wird es ihnen fallen, ihre eigene Persönlichkeit mit all ihren Stärken, Schwächen und Zweifeln zu entfalten.

Das dritte Beispiel hat uns freundlicherweise eine Schweizer Grundschullehrerin aus dem Emmental zur Verfügung gestellt:

Moana hat seit der Einschulung Mühe, pünktlich zum Unterricht zu erscheinen. Die fünf Minuten, die zwischen dem ersten und dem zweiten Läuten vergehen, reichen ihr offenbar nicht, um rechtzeitig das Klassenzimmer zu erreichen.

Zunächst habe ich darauf nicht groß reagiert – viele Erstklässler haben am Anfang Mühe, sich an den mit dem Läuten verbundenen Zeitdruck zu gewöhnen. Bei Moana wurde es jedoch nicht besser. Meistens hastete sie lange nach dem zweiten Läuten als Letzte ins Klassenzimmer.

Ich war davon zunehmend genervt und versuchte Moana in der Garderobe zu motivieren, sich mehr zu beeilen. Auch Moanas Mitschüler wurden allmählich ungeduldig und machten Bemerkungen wie: »Immer müssen wir auf Moana warten.« Oder: »Bestimmt fehlt wieder Moana.«

Meine nächste Strategie bestand darin, den Unterricht einfach ohne Moana zu beginnen, was mich allerdings stresste, weil Moana dadurch wichtige Informationen und Arbeitsanweisungen verpasste. Manche Kollegen erteilten mir gut gemeinte Ratschläge: »Lass sie in der Pause die Zeit nachholen, die sie am Anfang verpasst hat.« Oder: »Erstell doch einen Belohnungsplan. Jedes Mal, wenn sie es schafft, pünktlich zu sein, bekommt sie einen Sticker.« Doch weder Belohnen noch Bestrafen schien mir eine sinnvolle Lösung zu sein.

Zu Beginn der zweiten Klasse habe ich dann das Gespräch mit Moana gesucht:

»Wie ist es für dich, morgens immer als Letzte ins Klassenzimmer zu kommen?«, fragte ich sie.

»Ich bin einfach immer im Stress«, antwortete sie. »Die Zeit reicht mir nicht, um die Jacke auszuziehen, Hausaufgaben abzugeben und noch aufs Klo zu gehen.«

»Kannst du denn nicht zu Hause noch aufs Klo gehen?«

»Nein, ich will das hier machen«, antwortete Moana, »damit ich dann nicht während des Unterrichts gehen muss.«

»Wie ist es denn für dich, wenn du ins Klassenzimmer kommst und ich schon mit dem Unterricht angefangen habe?«, wollte ich von ihr wissen.

Und an diesem Punkt kam der entscheidende Satz vor ihr:

»Das stört mich nicht. Ich sehe ja dann bei den anderen, was ich machen muss.«

Daraufhin habe ich das letzte Schuljahr Revue passieren lassen, und tatsächlich hatte mich Moana fast nie gefragt, was sie verpasst hatte, während sie noch draußen war. Nach kurzer Zeit im Unterricht konnte sie sich immer gut orientieren.

Wir einigten uns darauf, dass sie sich morgens in der Garderobe die Zeit nehmen darf, die sie benötigt, während ich schon mal mit dem Unterricht beginne.

Mit diesem Gespräch konnte ich Moana die persönliche Verantwortung für den Start in den Schulalltag überlassen und mich selbst von einer Last befreien. Auch die anderen Schüler haben diese Veränderung bemerkt, und mittlerweile ist es ganz normal, dass Moana etwas später erscheint als die anderen. Niemand rollt mehr mit den Augen oder macht eine spitze Bemerkung – alle haben die Situation so akzeptiert, wie sie ist.

Auch dieses Beispiel zeigt, wie viel beide Seiten durch ein offenes Gespräch gewinnen können. Moana lernt, persönliche Verantwortung für ihr Tun zu übernehmen, ohne deshalb ein schlechtes Gewissen haben zu müssen, und die Lehrerin hat erst durch ihr aufrichtiges Interesse an Moanas Situation erfahren, was ihrem Zuspätkommen zugrunde lag. Am Ende ist beiden geholfen, und die Lehrerin kann zudem fest davon ausgehen, unter ihren Schülern und Schülerinnen mindestens einen neuen Fan namens Moana zu haben.

Wer in der Erziehung wirklich meint, nicht ohne Strafen und Sanktionen auszukommen, der sollte auch dafür die volle persönliche Verantwortung übernehmen, statt den Kindern mit Sätzen wie »Ich tue das ungern, aber du zwingst mich dazu« oder »Du lässt uns ja keine andere Wahl« die Schuld in die Schuhe schieben.

Niemand bestraft sein Kind gerne, und nicht wenige Eltern offenbaren ihr schlechtes Gewissen, indem sie ihr Kind hinterher auffordern, ihnen Absolution zu erteilen: »Komm, lass uns wieder Freunde sein.«

Strafen oder künstliche Konsequenzen helfen Eltern in der Regel, sich als verantwortungsvolle und konsequente Erziehende zu fühlen, doch meist ist diese Wirkung nicht von langer Dauer. Außerdem birgt das oftmalige Verhängen von

Strafen die Gefahr, dass anstelle eines konstruktiven Dialogs ein Machtkampf ausbricht oder wir uns im Dickicht unserer selbst erlassenen Regeln verheddern.

Eine erschöpfte Mutter brachte Letzteres folgendermaßen zum Ausdruck: »Wie viele andere Eltern haben auch wir eine Liste geführt, auf der wir die Strafpunkte für unsere Kinder vermerkten. Ab einer bestimmten Punktzahl wurden Konsequenzen fällig. Aber bei drei Kindern wurde mir das irgendwann zu blöd. Vor lauter Punkte verteilen und Konsequenzen ausdenken, wusste ich am Ende gar nicht mehr, welches Kind nun eine Nachspeise bekommt, welches eine halbe Stunde früher ins Bett gehen musste oder gerade ein Fernsehverbot hatte. Ich konnte mir einfach nicht vorstellen, mit dieser Erziehungsmethode weiterzumachen. Sie raubte mir so viel Energie und verlangte so viel Organisation, dass sie für mich keinen Sinn mehr machte und ich erschöpft aufgab.«

Die Alternative zu Strafen und künstlichen Konsequenzen ist der persönliche Dialog, der im folgenden Kapitel näher beschrieben wird.

Konsequenz und Konsistenz

Die Überzeugung fast aller Eltern, dass Konsequenz ein Vorzug in der Erziehung ist, wird durch dieses Beispiel nicht relativiert oder entkräftet. Fraglos profitieren alle davon, wenn die Eltern in der Erziehung eine klare Linie verfolgen, statt einen Zickzackkurs zu fahren. Doch scheint auch hier ein klassisches Missverständnis vorzuliegen – geht es doch weniger um *Konsequenz* als um *Konsistenz*, also um ein Handeln im Einklang mit den eigenen Wertvorstellungen, das ohne Perfektionsdruck oder Prinzipienreiterei auskommt.

> Wer in seiner Erziehung auf ein solides Wertefundament zurückgreifen kann, braucht im Kleinen nicht krampfhaft an einmal verhängten Regeln oder Sanktionen festzuhalten.

Der kann auch mal alle Fünfe gerade sein lassen, Ausnahmen von bestimmten Regeln machen oder schlicht seine Meinung ändern.

Auf diese Weise gestatten wir uns selbst, in der Beziehung zu unseren Kindern etwas dazuzulernen, statt uns in einen scheinbar perfekten, aber in Wahrheit kleinlichen und unsympathischen Konsequenz-Automaten zu verwandeln.

»Kindern muss man Grenzen setzen!«

Wo sind unsere eigenen Grenzen?

Kommen wir zu einem weiteren Klassiker – den Grenzen. Kaum ein Wort erfreut sich größerer Beliebtheit, wenn Eltern und Pädagoginnen verschiedenster Prägung beschreiben, woran es in der Kindererziehung keinesfalls fehlen dürfe. Und kaum ein Satz wird so sehr im Brustton der Überzeugung vorgetragen wie dieser: *Kindern muss man Grenzen setzen*.

Mit den Grenzen verhält es sich wie mit den Konsequenzen: Verfechtern traditioneller Werte wie Disziplin und Gehorsam galten sie stets als Angelpunkt einer verlässlichen und zielführenden Erziehung. Und vielen Eltern, die ihre Kinder vor allem verständnisvoll, zugewandt und empathisch erziehen wollen, dienen sie als Selbstvergewisserung, dass sie ein Mindestmaß an elterlicher Strenge aufrechterhalten, statt die Zügel völlig schleifen zu lassen.

Manche werden womöglich die Meinung vertreten, dass an der autoritären Erziehung »nicht alles schlecht« war, man also das vermeintlich Gute daran bewahren könne, damit unsere Sprösslinge nicht endgültig das Zepter in der Familie übernehmen.

Einige mögen sich an dieser Stelle fragen, ob sie den Satz »Kindern muss man Grenzen setzen« unterschreiben würden.

Und wenn ja, ob sie es vorbehaltlos oder mit gewissen Einschränkungen tun. Manche werden vielleicht einwenden, dass man erst einmal klären müsse, was denn mit Grenzen überhaupt gemeint sei.

So ein Innehalten, um einen Begriff zu klären und die eigene Einstellung zu überprüfen, ist fast immer eine gute Idee, und ebenso nützlich ist es, den Scheinwerfer auf sich selbst zu richten. Statt uns also darauf zu fixieren, den Kindern Grenzen *setzen* zu müssen, sollten wir uns zunächst darauf besinnen, dass wir eigene Grenzen *haben*.

Setzen und *haben* – es sind bloß zwei unscheinbare Verben, doch sie markieren einen entscheidenden Unterschied und zeigen an, aus welcher Perspektive wir das Thema der Grenzen betrachten.

Über Generationen hinweg waren Eltern sich einig, dass sich das Verhalten der Kinder in die gewünschte Richtung lenken lässt, indem man genügend Regeln und Gesetze erlässt und sie ihnen wir Stoppschilder oder Grenzpfähle vor die Nase hält: Bis hierhin und nicht weiter!

Wenn ein Kind die Stoppschilder nicht beachtete, zogen die Eltern die Grenzen meist noch enger, stellten also weitere und strengere Stoppschilder auf – gerne begleitet von dem Satz: »Der will doch nur seine Grenzen austesten.« Es war sozusagen ein von den Eltern initiierter Machtkampf darum, wer den längeren Atem hat: die Erfinder der Stoppschilder oder das aufmüpfige Kind.

Erst wenn die Eltern des Machtkampfs müde waren, kamen ihnen manchmal leise Zweifel, ob das mit den ständigen Stoppschildern wirklich so eine gute Idee war.

Auch in der Frage der Grenzen ist es äußerst hilfreich, sich auf das Grundprinzip der persönlichen Verantwortung zu besinnen, also auf die Verantwortung, die wir uns selbst gegenüber haben.

Ehe wir Regeln und Gebote erlassen, sollten wir uns Rechenschaft darüber ablegen, wo unsere eigenen Grenzen liegen. Wir tun dies am besten, indem wir den Blick auf uns selbst richten und uns fragen:

- Was will ich und was nicht?
- Was mag ich und was nicht?
- Was mache ich mit und was lehne ich ab?
- Worauf kann ich mich einlassen?
- Was kann ich gutheißen?
- Was widerstrebt mir?
- Was geht mir auf die Nerven oder prinzipiell gegen den Strich?
- Was kann ich tolerieren und was ist mit meinen Werten unvereinbar?

Zwei Arten von Grenzen

Grenzen können allgemeiner oder persönlicher Natur sein. Die allgemeinen Grenzen spiegeln unsere Anschauungen und Grundüberzeugungen wider und kommen unter anderem in praktischen Regeln zum Ausdruck, die unser Zusammenleben in der Familie betreffen. Kinder finden diese Regeln nicht immer angenehm, doch haben sie keinen fundamentalen Einfluss auf ihr unmittelbares Wohlergehen:

- Ziehen wir uns die Schuhe aus, wenn wir die Wohnung betreten?
- Wie steht es um die Mahlzeiten? Essen wir immer gemeinsam oder auch mal jede*r für sich?
- Waschen wir uns vor dem Essen die Hände?
- Sind Handys am Esstisch erlaubt?
- Sollen die Kinder bei der Hausarbeit mithelfen?
- Müssen sie ihre Hausaufgaben erledigt haben, ehe sie wieder aus dem Haus gehen?
- Sollen sie zu einer vorgegebenen Zeit wiederkommen oder überlassen wir ihnen das selbst?

Diese allgemeinen Grenzen verändern sich mit dem Alter des Kindes. Ein achtjähriges Kind muss beispielsweise um 19 Uhr zu Hause sein, während eine Jugendliche bis 22 Uhr oder noch länger fortbleiben darf. Gegen diese Art von Grenzen ist im Prinzip nichts einzuwenden. Sie helfen, unser Zusammenleben zu organisieren, und bringen gewisse Überzeugungen der Eltern zum Ausdruck.

Das Problematische an diesen Regeln besteht jedoch darin, dass sie die Eltern zu Ordnungshütern machen, die dafür Sorge tragen müssen, dass ihre Regeln auch eingehalten werden, was etwaige Sanktionen bei Regelverstößen einschließt. Viele Eltern wollen aber heutzutage nicht mehr zu Strafen greifen und geraten mit ihren eigenen Prinzipien in Widerspruch, wenn ihre Regeln zum wiederholten Mal nicht eingehalten werden.

Man sollte diese Art von Grenzen also mit Bedacht wählen, denn sie rauben den Erziehenden, die sie überwachen und sanktionieren müssen, viel Energie. Zudem kann es von diesen Regeln keine Ausnahmen geben, falls man sie nicht gleich wieder abschaffen will. Muss sich *ein* Kind vor dem Essen die Hände waschen, gilt das selbstverständlich auch für seine Geschwister, und ein Handyverbot am Tisch ergibt nur Sinn, wenn sich alle daran halten.

Das Wohlergehen des Einzelnen wird von diesen Regeln zwar nicht tiefgreifend beeinträchtigt – weder werden die persönlichen Grenzen des Kindes überschritten noch wird seine Integrität verletzt –, doch allzu oft werden Regeln eingeführt, um einen Konflikt zu lösen oder um ihm aus dem Weg zu gehen.

> Mit dem vorschnellen Erlassen einer Regel entziehen sich die Eltern dem, was nötig und konstruktiv wäre – dem persönlichen Dialog.

Es ist ein unpersönlicher Akt, der unserer Unsicherheit und Hilflosigkeit geschuldet ist und zugleich in etwas sehr

Persönliches, nämlich den Bewegungsspielraum unserer Kinder eingreift.

Im Gegensatz zu den allgemeinen Grenzen sind persönliche Grenzen rein individuell. Sie handeln von meiner Eigenart, von meinen physischen und psychischen Grenzen, wie ich sie im jeweiligen Moment wahrnehme. Sie sind nicht starr, sondern beweglich. Es gibt Tage, an denen ich als Mutter oder Vater so viel Energie habe, dass ich stundenlang mit meinem Kind spielen kann. An anderen Tagen habe ich diese Energie nicht und muss für meine Grenzen einstehen: »Heute bin ich zu müde; ich mag jetzt nicht mit dir spielen.«

Die Doppelverantwortung der Eltern

Caroline erinnert sich daran, wie sie von ihrer siebenjährigen Tochter N. einst verlangte, ihre Hausaufgaben am Esstisch zu erledigen, statt draußen auf dem Vorplatz des Hauses:

»Hausaufgaben macht man am Esszimmertisch!«, erklärte ich ihr und hatte damit fast unwillentlich eine neue Regel aufgestellt. N. wollte ihre Hausaufgaben aber draußen auf dem Boden erledigen. Ich fand dies keine gute Idee. Erstens hielt ich den gepflasterten Vorplatz für vollkommen ungeeignet, zweitens stand mein Mann dort am Grill, und drittens tobte draußen eine ganze Horde von Nachbarskindern herum. »So kann man seine Hausaufgaben nicht in Ruhe lösen«, stellte ich fest. N. war natürlich gegenteiliger Meinung, ein Wort gab das andere, und schließlich schrie mir meine Tochter ins Gesicht: »Ich bin ich und du bist du und ich kann das!«

Zunächst war ich wie vor den Kopf gestoßen, bis mir klar wurde, dass sie etwas sehr Wahres ausgesprochen hatte. Ich selbst habe immer viel Ruhe gebraucht, um schwierige Aufgaben zu lösen. Meine Tochter kann mit Ablenkung hingegen gut umgehen, was sie an diesem Tag unter Beweis stellte. Später habe ich noch oft erlebt, dass sie gleichzeitig verlässlich Hausaufgaben machen, chatten und Musik hören konnte.

Wir sind eben alle verschieden, haben unterschiedliche Fähigkeiten und Bedürfnisse.

> In der Erziehung geht es für Eltern auch darum, auf die Zeichen der Kinder zu achten und ihre persönlichen Grenzen zu akzeptieren.

Die Integrität eines Kindes, also seine persönlichen Grenzen zu respektieren, heißt jedoch nicht, dass es immer bekommt, was es will. Es ist die Aufgabe der Eltern, die Situation und Befindlichkeit ihres Kindes zu sehen und anzuerkennen und dann eine Entscheidung zu treffen.

Hätte ich den Eindruck gehabt, dass meine Tochter mit dem Erledigen der Hausaufgaben auf dem Vorplatz überfordert gewesen wäre, dann hätte ich mit ihr den Dialog gesucht und das nächste Mal entschieden, dass sie ihre Hausaufgaben am Esstisch erledigen muss. Ich hätte diese Entscheidung ohne besserwisserischen Unterton – »Jetzt siehst du, dass ich recht hatte!« – gefällt, sondern aufgrund meiner Überzeugung, dass es für sie das Beste ist.

Für so eine Entscheidung gibt es weder eine Richtschnur noch die Gewähr, dass meine Entscheidung richtig ist. Aber ich kann die Situation rund um die Hausaufgaben weiterhin aufmerksam beobachten und wahrnehmen, wie es mir und meiner Tochter geht. Falls ich neue Erkenntnisse gewinne, habe ich jederzeit die Möglichkeit, meine Entscheidung zu revidieren.

Kinder können ihre eigenen Grenzen zwar zeigen, die Verantwortung für zwischenmenschliche Prozesse jedoch nicht übernehmen. Den Eltern kommt in dieser Hinsicht eine doppelte Verantwortung zu: zum einen die persönlichen Grenzen der Kinder anzuerkennen und ihnen zum anderen zu helfen, für ihre eigenen Grenzen einzustehen. Dadurch fördern sie bei ihnen einen wichtigen Lernprozess.

Caroline erzählt:

Es war Samstagabend. N. kam nach einem ganztätigen Sportturnier müde, aber glücklich nach Hause. Auch mein Mann und ich hatten einen langen, ausgefüllten Tag gehabt. Da keiner von uns beiden Lust hatte, noch etwas zu kochen, beschlossen wir, in eine nahe gelegene Pizzeria zu gehen. N. wollte nicht mitkommen. Sie war damals zehn Jahre alt und wir hatten sie noch nie alleine zu Hause gelassen. Sie machte ihre Grenzen deutlich, indem sie sagte, dass sie total müde sei, gleich ihren Pyjama anziehen und noch ein Müsli essen wolle. Das sei ihr genug.

Da unsere Tochter wusste, wohin wir gehen und wo sich die Pizzeria befindet, konnten wir ihre persönlichen Grenzen berücksichtigen und sie zu Hause lassen. N. war zufrieden, wir waren zufrieden.

Eine ähnliche Situation spielte sich kurz darauf in den Ferien in Island ab. Wir hatten in Reykjavik eine kleine Wohnung gemietet, deren

Küche nur spärlich ausgestattet war. Wir suchten uns also jeden Abend irgendein Restaurant.

Als wir von einem langen Ausflug nach Hause kamen, war N. müde und wollte den Abend in der Wohnung verbringen und dort etwas essen. In einer Stadt, die sie nicht kennt, und einem Land, dessen Sprache sie nicht spricht, wollten wir sie aber nicht allein in der Wohnung zurücklassen. Außerdem wussten wir noch gar nicht, wohin wir essen gehen würden.

In dieser Situation konnten wir die Grenzen von N. zwar sehen und anerkennen, aber nicht wahren. Sie musste uns begleiten, obwohl sie dazu keine Energie hatte.

Natürlich war der anschließende Restaurantbesuch für keinen von uns ein großes Vergnügen, aber so ist das eben manchmal in solchen Situationen.

In diesen Beispielen geht es um die Grenzen des Kindes, doch ist es von elementarer Bedeutung, dass auch die Eltern für ihre persönlichen Grenzen Sorge tragen und diese in einer persönlichen Sprache artikulieren.

> Kinder lernen nur dann, ihre persönlichen Grenzen zu wahren, wenn sie erleben, dass ihre Eltern ihre persönlichen Grenzen genauso zum Ausdruck bringen.

Manchmal bedarf es eines Konflikts, damit wir dazu in der Lage sind. Dies wurde Caroline vor Augen geführt, als sie nach einem dreitägigen Seminar erschöpft nach Hause kam:

Ich hatte drei Tage lang unterrichtet und kam am Sonntag um 15 Uhr ziemlich ausgelaugt und erholungsbedürftig nach Hause. Das Wohnzimmer war voll mit Jugendlichen, nachdem sie eine Übernachtungsparty bei uns gefeiert hatten. Mein Mann saß seelenruhig auf der Terrasse und las Zeitung. Ich wurde wütend auf ihn, weil er nicht für Ruhe gesorgt hatte. Ich ärgerte mich darüber, dass er es zuließ, dass sich diese Horde von Jugendlichen in unserem gesamten Wohnraum breitmachte.

Ich setzte mich zu meinem Mann, nahm mich zusammen und versuchte, so ruhig und entspannt wie möglich zu klingen. Von jetzt an, schlug ich ihm vor, sollten wir unbedingt eine Regel einführen: »Übernachtungsfreunde unserer Kinder müssen am nächsten Tag bis zum Mittag wieder verschwunden sein.«

Mein Mann schaute mich irritiert an und war mit meinem Vorschlag überhaupt nicht einverstanden. Dann forderte er mich auf, lieber geradeheraus zu sagen, was ich wolle, statt eine Regel zu formulieren.

Er hatte absolut recht, denn natürlich wusste ich in diesem Moment genau, was ich wollte. Ich wollte meine Ruhe und das Wohnzimmer für mich haben.

»Dann geh und sag es den Jugendlichen«, entgegnete er. Das tat ich und siehe da – die Jugendlichen hatten vollstes Verständnis für mich.

In dieser Situation hatte Caroline den Dialog vermeiden wollen, indem sie eine Regel aufstellte. Dabei war es letztlich ganz einfach, auf die Jugendlichen zuzugehen und ihre persönlichen Grenzen und Wünsche auszusprechen.

»Hört mal, ich komme gerade von einem dreitägigen Seminar zurück und bin sehr erschöpft. Deshalb hätte ich das Wohnzimmer jetzt gern für mich allein.«

Caroline sprach ausschließlich von sich selbst, wie es ihr gerade ging und was sie wollte. Mehr brauchte es nicht, um die ganze Situation vollkommen undramatisch zu lösen.

Eine schlechte Idee wäre es gewesen, ihre Botschaft aus Gründen der Höflichkeit oder Diplomatie abzuschwächen, was sich vermutlich folgendermaßen angehört hätte:

»Hallo, ihr Lieben, habt ihr schön gefeiert? Also ich komme gerade von einem langen Seminar zurück. Puh, war das anstrengend. Am liebsten würde ich mich jetzt hier irgendwo ausruhen, wenn das möglich wäre. Ich will natürlich niemanden verscheuchen, aber vielleicht könntet ihr ja so langsam ... wenn es euch nichts ausmacht ... eure Sachen packen, meint ihr nicht?«

Eine ebenso schlechte Idee wäre es gewesen, den Übernachtungsgästen einen versteckten Vorwurf zu machen:

»Ich finde, ihr habt jetzt wirklich lange genug gefeiert. Irgendwann muss doch mal Schluss sein.«

Die persönliche Sprache

Im Beispiel mit den Jugendlichen in ihrem Wohnzimmer fiel es Caroline nicht schwer, ihre persönlichen Grenzen deutlich zu machen, weil sie sich einer persönlichen Sprache bediente. Sie sagte ihnen offen heraus, dass sie das Wohnzimmer jetzt gern für sich selbst hätte, ohne ihnen deshalb einen Vorwurf zu machen oder ihre Aussage aus diplomatischen Gründen abzuschwächen und zu relativieren.

> Die persönliche Sprache beschreibt, was ich fühle, sehe, höre und dabei empfinde. Ich zeige mich so, wie ich in diesem Moment bin, was bedeutet, dass ich den Mut aufbringen muss, mich zu öffnen und verletzlich zu machen.

Sich persönlich zu äußern heißt, von sich selbst zu sprechen, nicht von anderen. Ich-Sätze statt Du-Sätze zu benutzen. Einen Kontakt herzustellen statt Distanz zu schaffen. Da der größte Vorzug der persönlichen Sprache ihre Klarheit und Direktheit ist, hilft sie uns vor allem in Konfliktsituationen weiter, wie im soeben beschriebenen Fall.

Leider haben viele Erwachsene große Schwierigkeiten damit, sich persönlich zu äußern, weil es ihnen in ihrer Kindheit nicht zugestanden wurde. Sich persönlich zu äußern – »ich will« oder »ich will nicht« zu sagen –, wird Kindern allzu oft als unhöflich oder egozentrisch ausgelegt.

»Man sagt ›ich möchte bitte‹ statt ›ich will‹« oder »Es geht nicht immer nur um dich!« sind klassische Formulierungen, mit denen Kinder gemaßregelt werden, wenn sie eine direkte und persönliche Sprache benutzen. Dabei sind Kinder von sich aus ehrlich und sprechen auf natürliche Weise eine persönliche Sprache, ehe sie ihnen zugunsten einer sozialen Sprache abtrainiert wird.

Die soziale Sprache erlernen Kinder ganz automatisch, beispielsweise wenn sie mit uns beim Bäcker sind. Denn nur die wenigsten von uns rufen »Ich will ein Brot!« durch den Laden, sobald sie ihn betreten haben, sondern versuchen es mit einem höflichen »Ich hätte gern ein Baguette«.

Diese soziale Sprache mit all ihren höflichen, diplomatischen und humorvollen Wendungen verhilft den Kindern nach und nach zu einem breiten Spektrum an Ausdrucksmöglichkeiten, um in verschiedensten Kontexten und Situationen kommunizieren zu können.

Wenn aber ein jüngeres Kind »ich will« sagt, dann sollten die Eltern die Klarheit seiner Aussage erst einmal zu schätzen wissen und seinen Wunsch oder sein Bedürfnis ernst nehmen. Ob dieses befriedigt wird, ist eine ganze andere Frage und liegt in der Verantwortung der Erwachsenen.

Spätestens in Konfliktsituationen müssen wir zeigen, wer wir in diesem Moment sind. Wir müssen uns persönlich äußern, damit unser Gegenüber weiß, woran er oder sie ist und wo unsere persönlichen Grenzen liegen.

Man könnte es auch als nützliches Training für alle bezeichnen, denn eines ist gewiss: Seine persönlichen Grenzen zu kennen und zu vertreten, ist ein lebenslanger Lernprozess, und unsere Kinder werden es darin umso weiter bringen, je überzeugender wir es ihnen vorleben. Auf diese Weise bringen wir ihnen bei, sich selbst zu vertrauen, statt sich anpassen zu müssen.

Die Alternative zu Regeln und Strafen: die authentische Rückmeldung

Manch einer wird jetzt vielleicht denken, dass der Unterschied zwischen dem Setzen von Grenzen und dem Markieren der eigenen Grenzen eher theoretischer Natur ist und es letztlich doch aufs Gleiche hinausläuft. Doch der Unterschied ist gerade auf lange Sicht beträchtlich, weil hier zwei gegensätzliche Grundhaltungen aufeinanderprallen.

Die Vorstellung, man müsse Kindern Grenzen setzen – also Regeln aufstellen, an die sie sich zu halten haben –, wurzelt in der Überzeugung, dass Kinder lernen müssen, sich unterzuordnen und zu gehorchen. Um die Kinder Gehorsam zu lehren, stellen die Erziehenden verschiedenste Regeln auf, und wenn diese nicht eingehalten werden, erlassen sie eine Strafe: Handyverbot, Taschengeldentzug etc. Die Kinder werden damit zu Befehlsempfängern gemacht, die »Grenzen« rein äußerlich erleben, nämlich als Einschränkung ihrer persönlichen Freiheit. Sie selbst werden in ihrem Spielraum begrenzt, ohne dass ihre eigenen Grenzen gewahrt werden.

So können Eltern mit dem Satz »Kindern muss man Grenzen setzen« schlichtweg alle Regeln und Verbote rechtfertigen, mit denen sie das Leben ihrer Kinder einengen. Für die Eltern ist das sehr praktisch und bequem, für die Kinder umso schmerzhafter. Es ist ein kalter und unpersönlicher Vorgang, der die Beziehung zwischen Eltern und Kindern schwächt und für das Kind nur eine einzige Lehre bereithält – dass es zu gehorchen hat.

Welche Einsicht sollte ein Verbot auch sonst bereithalten? Wenn ein Kind sich tatsächlich an das Verbot hält, dann vermutlich aus Angst vor der Strafe, die es andernfalls erwartet. Die Eltern hingegen werten die Folgsamkeit ihres Kindes meist als Erziehungserfolg, was ein großer Irrtum ist – es sei denn, den Erziehenden geht es tatsächlich um Befehl und Gehorsam. Man könnte auch sagen: um ein dressiertes Kind.

Die Krux einer Erziehung, die auf Verbot und Strafe basiert, besteht eben auch darin, dass sie scheinbar funktioniert – zumindest aus der Sicht der Erziehenden.

Natürlich wünschen sich alle Eltern, dass sich ihre Kinder zumindest einigermaßen an das halten, was sie sagen. Doch wollen wir wirklich, dass sie es aus Angst vor einer Strafe tun?

Die Alternative zu Regeln und Strafen ist die persönliche und authentische Rückmeldung, mit der wir unsere eigenen Grenzen deutlich machen. Von außen betrachtet mag auch sie sich manchmal rigide anhören: »Lass das, Mats. Ich will nicht, dass du mit meiner Brille spielst!«

Doch ihr großer Vorzug besteht darin, dass hinter dieser Äußerung ein Mensch aus Fleisch und Blut spürbar wird. Kein kalter Gesetzgeber, sondern eine Person, die ihre eigenen Grenzen und Empfindungen deutlich macht.

> Hätten wir alle mehr Erfahrung darin, uns authentisch und persönlich zu äußern, hätten wir es als Eltern nicht nötig, so viele Grenzen zu setzen und Regeln zu erlassen.

Authentisch bedeutet in diesem Fall die Fähigkeit, unverstellt und glaubwürdig zu sein. Es ist das Bemühen um größtmögliche Wahrhaftigkeit, was unsere Worte und Gefühle angeht.

Leider ist es eine Tatsache, dass intellektuelle Einsicht nicht ausreicht, um diese Fertigkeit zu erlangen. Wenn's doch nur so einfach wäre, zu sagen: »Authentizität und persönliche Sprache? Finde ich gut, benutze ich jetzt auch.«

Sich authentisch und persönlich zu äußern, erfordert jahrelange, wenn nicht lebenslange Übung. Wir können diesen Prozess nicht abkürzen, sondern müssen auch immer wieder an ihm scheitern, um daraus zu lernen.

Dies wurde Caroline während eines Ausbildungsmoduls bewusst, bei dem nicht nur die Auszubildenden, sondern auch deren Partner*innen sowie Carolines Mentorin anwesend waren:

Wir machten uns Gedanken zum Thema der persönlichen Sprache, als ein Teilnehmer mich fragte: »Bist du denn in jeder Situation und überall immer authentisch und sprichst eine persönliche Sprache?«

Ich antwortete: »Nein, das bin ich nicht. In manchen Gruppen spreche ich nicht so persönlich, weil sie mich nicht verstehen würden.«

Meine Mentorin meldete sich sofort zu Wort und erwiderte, sie sähe es so wie ich, nur würde sie es anders formulieren.

In diesem Moment wurde mir bewusst, wie fahrlässig und vorurteilsbeladen ich mich ausgedrückt hatte. Einmal mehr hatte ich mit meiner Aussage mein Gegenüber »beschuldigt« und als unfähig definiert, statt von mir selbst zu reden.

Vielmehr hätte ich es so formulieren sollen: »Ich spreche nicht in allen Gruppen so persönlich und authentisch von mir, weil ich Angst habe, dass sie mich nicht verstehen würden.«

Stattdessen hatte ich einer anderen Gruppe etwas unterstellt, wozu ich kein Recht habe, zumal ich nicht einmal weiß, ob meine Unterstellung überhaupt zutrifft. Und ganz gleich, ob sie zutrifft oder nicht – ich wäre die Erste, die protestiert, würde irgendjemand so pauschal über mich urteilen.

Dieses Beispiel zeigt, wie tief diese »beschuldigende« Grundhaltung selbst in Caroline, die Vorträge über persönliche Sprache hält, verwurzelt ist.

Wenn es uns gelingt, unseren Kindern eine authentische und persönliche Rückmeldung zukommen zu lassen, lernen sie, dass wir alle verschieden sind und unterschiedliche Empfindungen und Bedürfnisse haben. Achten wir zugleich die Grenzen unserer Kinder, stärkt das ihr Selbstwertgefühl und schafft einen Raum, in dem sie ein Gefühl für ihre eigenen Bedürfnisse entwickeln und ihre empathischen Fähigkeiten schulen.

> *»Ganz gleich, um welche Gefühle es geht – es kommt ausschließlich darauf an, authentisch und ehrlich zu sein.«*
> *Jesper Juul*

»In unserer Familie soll es vor allem harmonisch zugehen.«

Über die Notwendigkeit von Aggression und Konflikten

Stellen wir uns eine vierköpfige Familie vor, die am Sonntag einen Ausflug in die Berge unternimmt. Alle, die den Eltern und ihren Kindern während des Ausflugs begegnen, haben den Eindruck, eine echte Familienidylle zu erleben. Die Kinder laufen lachend voraus und pflücken Blumen. Die Eltern halten sich an den Händen und scheinen vollkommen im Hier und Jetzt aufzugehen.

Kein Betrachter dieser Szene käme auf den Gedanken, dass in der Wohnung dieser Familie nur zwei Stunden zuvor ein wilder Streit getobt hat.

Alles fing damit an, dass die Tochter erklärte, sie wolle nicht mitkommen, worauf ihr Bruder sagte, dann käme er auch nicht mit. Die Eltern redeten mit Engelszungen auf ihre Kinder ein, um den geplanten Familienausflug zu retten, doch je länger diskutiert wurde, desto lauter und hitziger wurde es. Schließlich schrien alle durcheinander,

Türen knallten, begleitet von Flüchen und gegenseitigen Beschimpfungen. Die Mutter fauchte ihre Tochter an, sie habe keine Lust mehr auf ihr ewiges Gezicke. Der Vater schnauzte die Mutter an, sie solle sich nicht so aufregen, was ein giftiges Wortgefecht der Eltern nach sich zog. Der Sohn hatte sich zu diesem Zeitpunkt schon in sein Zimmer zurückgezogen und die Musikanlage voll aufgedreht ...

Irgendwann hatten sich alle so weit beruhigt, dass sie im Wohnzimmer zusammenkamen und das Gespräch miteinander suchten.

Der Austausch tat ihnen gut und löste die Anspannung, sodass die Familie zwar später als geplant, aber immerhin zu ihrem Sonntagsausflug aufbrechen und das Bild einer perfekten Familie abgeben konnte.

»Das Eisen schmieden, wenn es erkaltet ist.«

Was gerade so lapidar als »Austausch« bezeichnet wurde, ist keine Kleinigkeit, kein harmloses Geplänkel, sondern ein äußerst anspruchsvoller Vorgang. Gemeinsam aus so einer »verfahrenen« Situation herauszufinden und einen konstruktiven Dialog zu führen, ist vielmehr eine große Kunst und erfordert – wie in dem vorhergehenden Kapitel über Grenzen und in dem über Gleichwürdigkeit (»›Bei uns dürfen alle mitbestimmen.‹ – Eine Familie ist keine Mini-Demokratie.«) beschrieben – eine persönliche und authentische Sprache sowie den Willen, einander wirklich zuzuhören.

Zum einen brauchen unsere erhitzten Gemüter zunächst eine Phase der Abkühlung, und je nach Veranlagung benötigen wir unterschiedlich viel Zeit, um wieder »runterzukommen«, nachdem wir in die Luft gegangen sind.

Jesper Juul hat dafür die anschauliche Formulierung geprägt, dass wir das Eisen in Konflikten am besten dann schmieden, wenn es kalt beziehungsweise erkaltet ist.

Zum anderen ist es in einem Konfliktgespräch von elementarer Bedeutung, dass jeder von sich selbst spricht. Von den eigenen Wahrnehmungen und Empfindungen. Von all den Gedanken und Gefühlen, die den Konflikt in unserem Inneren begleiten. Je persönlicher und authentischer wir uns dabei äußern, desto besser werden wir verstanden.

Auch dieses Bei-sich-Sein muss immer wieder geübt und von den Eltern vorgelebt werden, indem auch sie von ihren Beobachtungen und Emotionen erzählen, statt sich darauf zu beschränken, ihre Kinder zu befragen.

Für Eltern mag die Versuchung groß sein, sich hinter der Rolle des Fragestellers und Moderators zu verstecken, weil sie dann nichts von sich selbst preisgeben müssen. Doch wenn wir dies tun, verzichten wir selbst auf ein nützliches Training und verwehren unseren Kindern einen wichtigen Lerneffekt. Denn von wem, wenn nicht von uns, sollten sie lernen, sich persönlich auszudrücken? Einander offen zuzuhören? Unsere Verschiedenheit zu akzeptieren, statt diese zu bewerten?

> Der Dialog dient nicht dazu, das Verhalten der Kinder zu ändern, sondern einander besser zu verstehen und die Beziehung zu vertiefen: Hier bin ich – wer bist du?

Erst, wenn sich alle persönlich geäußert haben, können die Aussagen und Beschreibungen in Ruhe betrachtet werden.

Es braucht keinen Konsens, sondern nur dieses wertfreie Betrachten der Situation und die Akzeptanz, dass wir nebeneinander so sein dürfen, wie wir sind.

Um etwaigen Missverständnissen vorzubeugen: Die Führung und das Vorbild der Eltern sind unabdingbar. Doch werden wir dem vor allem dann gerecht, wenn wir unsere Kinder weder korrigieren noch maßregeln, sondern indem wir ihnen zeigen, wie man die eigene Wut in konstruktive Bahnen lenken kann.

Es sei an dieser Stelle hinzugefügt, dass sich Wut nicht nur in lautem Schreien, sondern auch in Eiseskälte, zynischen Formulierungen oder in manipulativem Verhalten zeigt. Aufgrund ihrer Sozialisation neigen manche Menschen dazu, ihre Aggression auf diese indirekte Art zum Ausdruck zu bringen. Andere fahren schneller aus der Haut und werden dafür kritisiert und zurechtgewiesen. Doch in gewisser Weise ist dieses Verhalten gesünder, weil es die Wut eins zu eins zum Ausdruck bringt.

Aggression – ein tabuisiertes Verhalten

Vermutlich haben sich viele Eltern schon einmal gefragt, was bei ihnen zu Hause bloß schiefläuft, wenn sie so einer scheinbaren Prachtfamilie wie der in den Bergen begegnen. Wir können das Vergleichen einfach nicht lassen und sind es gewohnt, unsere vermeintlichen Defizite zu sehen: Die Wohnung unserer Freunde sieht stets picobello aus, während in unseren eigenen vier Wänden das Chaos regiert. Andere kochen aufwendige Gerichte, während wir mal wieder eine Tiefkühlpizza in den Ofen schieben. Und warum übt unsere Tochter nach zwei Jahren Klavierunterricht eigentlich immer noch Tonleitern, während sich der Nachbarsjunge gerade zum Konzertpianisten aufschwingt?

Was uns besonders unglücklich macht und uns das Gefühl vermittelt, als Erziehende zu versagen, ist die Selbstwahrnehmung, dass in unserer Familie ständig Zank und Streit herrschen, während es bei anderen so harmonisch zuzugehen scheint. Abgesehen davon, dass der Schein oft trügt, wie unsere Beispielgeschichte zeigt, sind wir es gewohnt, Harmonie als Beweis dafür zu betrachten, dass alles in Ordnung ist und alle Familienmitglieder glücklich und zufrieden sind.

Doch was ist überhaupt Harmonie? Die Abwesenheit von Konflikten? Die Unsichtbarkeit von Konflikten?

Dass wir uns so leicht von glänzenden Fassaden blenden lassen, ist vermutlich unserer tiefen Sehnsucht nach gelingenden Beziehungen geschuldet, die uns inneren Frieden schenken. Wobei auch der äußere Friede angesichts eines oft fordernden und anstrengenden Alltags nicht zu verachten ist. Die Autor*innen dieses Buches bekennen freimütig, dass auch sie sich zu Hause oft nichts anderes wünschen und in diesen Momenten herzlich wenig an den Tiefenschichten ihrer jeweiligen Familie interessiert sind.

Aber Ruhe und Frieden lassen sich bekanntlich weder erzwingen noch herbeireden. Was ist, wenn die Wellen der Emotion hochschlagen? Wie verhalten wir uns, wenn bei uns zu Hause der Teufel los ist? Wenn geschrien und getobt wird, wenn Türen knallen oder es gar zu verbaler oder körperlicher Gewalt kommt?

Den meisten Menschen fällt es äußerst schwer, aggressives Verhalten bei sich selbst und anderen zu akzeptieren. Zum einen liegt das an der Vehemenz dieses Verhaltens, das nichts Einladendes hat, sondern abgrenzend und bedrohlich wirkt. Viel schwerer wiegt jedoch der Umstand, dass Aggression in der Gesellschaft per se unerwünscht ist und tabuisiert wird. So gehört es zu den Grundprinzipien der meisten Eltern, ihren Kindern aggressives Verhalten so früh wie möglich auszutreiben oder abzutrainieren.

> Aggression wird als primitiv und destruktiv betrachtet – Besonnenheit und ruhiges Argumentieren hingegen als konstruktiv und erstrebenswert.

Ein Kind, das wütend ist und Aggressionen zeigt, gilt als inkompetent und unreif. Als jemand, der noch nicht gelernt hat, sich zu benehmen oder zu beherrschen. Und wenn sich das mit den Aggressionen nicht »bessert«, wird es gar als asozial abgestempelt und stigmatisiert.

Viele Eltern fürchten zudem, dass sich ein hitzköpfiges und jähzorniges Kind zu einem gewalttätigen Jugendlichen oder Erwachsenen entwickeln könnte. Natürlich ist diese Befürchtung nicht von der Hand zu weisen, doch sollten wir uns bewusst machen, dass Wut nicht per se besser oder schlechter ist als andere Empfindungen wie Liebe, Freude, Schmerz und Angst, sondern ein normaler Bestandteil unserer reichen Gefühlspalette.

Wenn die Gesellschaft weniger Gewalt will, dann muss sie damit aufhören, Wut und Aggression zu stigmatisieren. Aggression ist nicht automatisch gleichzusetzen mit Gewalt.

Obwohl Wut und Aggression zum selben Themenkreis gehören und manchmal fast als Synonyme erscheinen, möchten wir an dieser Stelle folgende Unterscheidung treffen:

Wut ist eine Basisemotion des Menschen, die ebenso wie Freude, Trauer und Angst zu unserer natürlichen Gefühlspalette gehört. Wut kann zu Aggression führen, muss sie aber nicht. **Aggression** hingegen ist ein Verhalten, dass sich gegen andere oder gegen uns selbst (Autoaggression) richtet.

Verhaltensforscher wie Sigmund Freud und Konrad Lorenz hatten dem Menschen einst einen angeborenen Aggressionstrieb bescheinigt. Sie gingen sogar davon aus, dass es uns Menschen ein gewisses Vergnügen bereitet, einander grundlos zu quälen oder Schmerzen zuzufügen.

Neurowissenschaftler wie Joachim Bauer haben den Aggressionstrieb inzwischen als Mythos der Psychoanalyse entzaubert. Die Fähigkeit zur Aggression mag für den Einzelnen überlebenswichtig sein, doch ist der Mensch vor allem ein soziales Wesen, dessen Motivations-/Belohnungssystem nicht bei unprovozierter Gewalt, sondern bei kooperativem Verhalten aktiviert wird, wie Bauer in seinem Buch *Schmerzgrenze – Vom Ursprung alltäglicher und globaler Gewalt* nachweist.

Stärkster Auslöser für Aggression ist demnach die soziale Ausgrenzung, bei der die gleichen Schmerzzentren im Gehirn angesprochen werden, die auch bei körperlichen Schmerzen aktiv sind.

Der Teufelskreis der Aggression

Ein Kind, das sich nicht zugehörig fühlt, reagiert darauf verständlicherweise frustriert, wütend und aggressiv. Wenn wir ihm vermitteln, dass es diese Gefühle unterdrücken muss, weil sie ungehörig und unreif sind, wird es sich in Zukunft jedes Mal schuldig fühlen, wenn die Wut in ihm aufsteigt. Vermutlich wird es versuchen, das verbotene Gefühl zu unterdrücken, was jedoch nicht gelingen kann, weil es nun mal eine elementare Funktion und Bedeutung in unserem Leben hat. Das Kind wird sich folglich umso mehr schämen und sich nicht zugehörig fühlen, was wiederum neue Aggression auslöst.

Damit wird ein klassischer Teufelskreis in Gang gesetzt, der gleichermaßen für Erwachsene gilt: Aggressive Erwachsene werden gemieden und ausgegrenzt, was ihre Einsamkeit verstärkt. Die eigentliche Ursache ihrer Aggression – das Gefühl, sich nicht wertvoll zu fühlen – wird dadurch reproduziert statt beseitigt.

Jähzornige Kinder werden oft von der Gruppe entfernt und zu einer »Auszeit« genötigt, in der sie sich besinnen sollen.

Ein Kind muss aber die gesamte Palette an Gefühlen erleben und zum Ausdruck bringen dürfen. Falls es lernt, dass Wut etwas Verbotenes ist, das unterdrückt werden muss, wird es sich jedes Mal schuldig fühlen, wenn es Wut in sich spürt.

Darf ein Kind hingegen in einer Umgebung aufwachsen, in der seine Wut Raum bekommt, dann kann es diese Wut allmählich in sein Bewusstsein integrieren, ohne sich schuldig zu fühlen. Manche brauchen eine Kindheit lang, um mit der eigenen Wut zurechtzukommen. Um dies zu schaffen, benötigen sie in ihrem Umfeld Erwachsene, die ebenfalls mit ihrer Wut umgehen können und ihnen vorleben, wie man mit diesem Gefühl konstruktiv umgehen kann.

Sich nicht als wertvoll empfinden

Wut und Aggression können im Alltag durch verschiedenste Faktoren ausgelöst werden, beispielsweise durch Schuldgefühle oder Verlustängste. Die häufigste Ursache für Aggression ist aber das Erlebnis, für unsere Nächsten nicht so wertvoll zu sein, wie wir uns das wünschen.

Situationen, in denen sich Kinder als wertlos und ungenügend vorkommen, in denen sie sich schämen und schuldig fühlen, gibt es zuhauf:

- »Die Lehrerin schüttelt den Kopf, weil ich anscheinend zu dumm bin, um die Matheaufgaben zu verstehen.«

- »Meine Mitschüler grenzen mich aus, weil ich aus einem anderen Land komme und ihre Sprache noch nicht gut beherrsche.«
- »›Du bist so anstrengend‹, meckert meine Mutter. ›Wegen dir hab ich jetzt wieder Migräne.‹«
- »›Wie kann man nur so langsam sein‹, stöhnt mein Vater. ›Jetzt beweg endlich deinen Hintern.‹«

Stellen wir uns ein Mädchen namens Paula vor. Paula ist fünf Jahre alt. Im Kindergarten streitet sie sich mit einem Jungen und wirft ihm vor Wut einen Stein an den Kopf. Der Junge trägt eine Platzwunde davon, die genäht werden muss. Im Kindergarten herrscht große Bestürzung. Paulas Eltern werden umgehend vom aggressiven Verhalten ihrer Tochter in Kenntnis gesetzt und aufgefordert, mit Paula ein ernstes Wort zu reden. Paula muss sich bei dem Jungen entschuldigen und regelrecht zu Kreuze kriechen, was sie als ungerecht empfindet. Schließlich hatte der Junge sie ständig geärgert und ihr etwas weggenommen, doch jetzt reden alle nur noch über den geworfenen Stein.

Natürlich ist es nicht in Ordnung, einem anderen Kind einen Stein an den Kopf zu werfen, doch was Paula erst einmal braucht, ist keine Moralpredigt, sondern die Erfahrung, dass ihre Wut gesehen und anerkannt wird.

Damit Paula ihre Wut integrieren kann und nach und nach lernt, Worte dafür zu finden, statt mit Steinen zu werfen, ist sie auf Erwachsene in ihrem Umfeld angewiesen, die sie in ihrer Not sehen. Erst dann kann sie einen Zugang zu sich selbst und ihren Emotionen finden, ohne sich schuldig zu fühlen.

Man kann das aggressive Verhalten eines Kindes auch als Einladung oder als Hilferuf an seine Mitmenschen betrachten: *»Es geht mir* *gerade nicht gut, und ich weiß nicht, was ich tun kann, damit es mir wieder besser geht. Bitte helft mir dabei!«*

> Wenn wir unseren Kindern Wut und Aggression verbieten, verbieten wir ihnen gleichsam, um Hilfe zu rufen.

Um einen Hilferuf geht es auch in der folgenden Episode, in der sich Caroline an ein denkwürdiges Konfliktgespräch in der Schule ihres Sohnes M. erinnert:

M. war damals neun Jahre alt und fühlte sich von einer seiner Lehrerinnen immer wieder ungerecht behandelt, was er mir aber nie erzählt hatte. Auch die Lehrerin – nennen wir sie Frau Kaufmann – hatte sich nie bei mir gemeldet, um über etwaige Schwierigkeiten mit M. zu sprechen.

Eines Vormittags bekam ich einen Anruf von Frau Kaufmann, dass ich M. sofort abholen solle. Er sei aggressiv, schlage um sich und sei überhaupt nicht zu bändigen.

Da ich meinen Sohn gut kannte, konnte ich mir die Situation einigermaßen vorstellen, hatte ich solche Szenen doch oft genug zu Hause erlebt. Ich wusste aber auch, dass es M., wenn er so wütend ist, gar nicht gut geht. Deshalb fuhr ich so schnell wie möglich zur Schule und habe meinen Sohn in den Arm genommen. Er hatte sich inzwischen beruhigt, doch es ging ihm sichtlich schlecht.

Zu Hause habe ich ihm erst mal einen Tee gemacht. Dann haben wir uns zusammen aufs Sofa gesetzt, und ich fragte ihn, ob er mir erzählen möchte, was vorgefallen sei.

Er habe im Sportunterricht mit zwei anderen Jungs ein bisschen rumgeblödelt, berichtete er, bis die Lehrerin die Geduld verlor und ihn vor die

Tür schicken wollte. Als äußerst gerechtigkeitsliebender Mensch fand M. es sehr ungerecht, dass die anderen beiden Jungs in der Turnhalle bleiben durften. M. sprach das offen aus und weigerte sich, den Raum zu verlassen, woraufhin seine Lehrerin Frau Kaufmann zu Hilfe holte.

M. schrie und wehrte sich mit Händen und Füßen, als Frau Kaufmann ihn in ihrer Hilflosigkeit packte und aus der Turnhalle zerrte. (Frau Kaufmann gestand mir später mit schuldbewusster Miene, dass sie das nicht hätte tun dürfen, und sagte, dass es ihr leidtue.)

Am Mittag wurden M. und ich zum Gespräch mit Frau Kaufmann und der Sportlehrerin zitiert. Ich konnte M.s Verhalten zwar nicht gutheißen, dachte aber auch, dass ihn irgendetwas so unter Druck gesetzt haben musste, dass er sich nicht anders zu helfen wusste, als zu schreien und seine Fäuste zu benutzen. Er hatte keine andere Möglichkeit gehabt, sich zu wehren. Ich fragte mich, ob er vielleicht mit dem Schulstoff überfordert war, ob er sich in der Klasse nicht wohl- oder von seinen Lehrerinnen übersehen fühlte.

Ich spürte, dass ich meinen Sohn bei dem bevorstehenden Gespräch verteidigen musste. Denn ich fand es nicht in Ordnung, dass er in diese für ihn ausweglose Situation gebracht worden war.

Als wir das Klassenzimmer betraten, sah ich sofort die angespannten und besorgten Gesichter von Frau Kaufmann und ihrer Kollegin. Am liebsten hätten sie meinen »verhaltensauffälligen« Sohn bestimmt gleich zum Psychologen geschickt.

Zunächst fragten sie M., ob er etwas zum heutigen Vorfall sagen wollte.

Ich holte schon Luft, um mit meiner Verteidigungsrede zu beginnen, als M. das Wort ergriff. Und er, der ansonsten so wortkarg und auch nicht besonders redegewandt war, hat sich mit klaren Worten für sein Verhalten entschuldigt. Er tat dies nicht mit gesenktem Kopf, sondern erklärte ebenso überzeugend wie natürlich, dass es nicht okay sei, wie er sich benommen habe.

Zugleich konnte er benennen, was ihn so wütend gemacht und ihm das Gefühl gegeben habe, ausgeschlossen zu sein und zum alleinigen Sündenbock gemacht zu werden. Für die Zukunft wünschte er sich, dass er in einer solchen Situation für einen Moment auf die Toilette gehen dürfe, um sich zu beruhigen.

Das alles – Reflexion, Klarheit und Wünsche an sein Gegenüber – brachte er in wenigen Sätzen zum Ausdruck.

Ich habe heute noch eine Gänsehaut, wenn ich an diesen Moment zurückdenke, in dem M. die Verantwortung für sein Handeln übernahm. Gleichzeitig hat er sich nicht geschämt und auch nicht schuldig gefühlt. Er konnte in klaren, respektvollen Worten ausdrücken, wie es um sein Inneres bestellt war.

Die beiden Lehrerinnen versanken regelrecht in ihren Stühlen und konnten nicht glauben, was da gerade passierte: Dass sich das »asoziale« und »unreife« Kind vom Vormittag vor ihren Augen in einen eloquenten und reflektierten Redner verwandelte. Sie waren sichtlich beeindruckt.

Auch ich saß verdattert da und war von diesem Moment tief berührt. M., mit dem ich von klein auf viele anstrengende, andauernde und aggressive Momente erlebt hatte, übernahm zum ersten Mal persönliche Verantwortung für sein Verhalten und seine Emotionen.

Dies war nur möglich, weil er sich nicht schämen musste. Weil er nicht von mir zurechtgewiesen wurde und weil er sich durch und durch so akzeptierte, wie er ist.

Diese fünf Schritte haben sich bewährt, um Aggression bei Kindern konstruktiv zu begegnen:

- Die Aggression als Hilferuf betrachten.
- Mit dem Kind in einen Dialog treten. Wenn dies nicht gleich möglich ist, ein wenig warten und später den Dialog suchen.
- Interesse an ihm und der Situation zeigen.
- Anerkennung zum Ausdruck bringen.
- Eine Rückmeldung in persönlichen Worten geben.

Oft wird Kindern ausschließlich zugehört und Verständnis entgegengebracht, was fraglos ein wertvoller und wichtiger Vorgang ist. Doch die Führung der Eltern kommt vor allem im Feedback zum Ausdruck – nicht, um ihrem Kind eine Note zu geben oder das Geschehene zu beurteilen, sondern um persönliche Worte dafür zu finden, was es in mir als Mutter oder Vater ausgelöst hat.

> Ein Kind mit all seiner Wut zu sehen und sie ihm zuzugestehen, heißt nicht, es zu verziehen oder unverhältnismäßig in den Mittelpunkt zu stellen, sondern ihm als der Mensch zu begegnen, der er in diesem Moment ist.

Damit berücksichtigen wir nicht nur die Seiten seiner Persönlichkeit, die leicht und angenehm sind, sondern auch diejenigen, die ihm selbst und anderen Schwierigkeiten bereiten.

»Ich habe gelernt, dass diese Wut und dieser Ärger, die mein Sohn hat, einfach dazugehören und viel weniger schlimm sind, wenn ich sie einfach annehme. Wenn ich ihm vermittle, dass ich ihn sehe und versuche zu verstehen, hilft ihm das dabei, aus seiner Wut herauszufinden.«

Zitat einer Mutter während eines familylab-Seminars

Die Wut der Erwachsenen

Viele Erwachsene haben nicht gelernt, Wut und Zorn zu zeigen. Sei es, weil dies in ihrer Kindheit zu Liebesentzug durch die Eltern geführt hätte, weil Wut als »ungehörig« galt oder weil ihre Eltern mit diesem Gefühl selbst überfordert waren. Andere Erwachsene hatten als Kind einen aggressiven Vater oder eine aggressive Mutter und wünschen sich verständlicherweise nichts so sehr, wie ihren eigenen Kindern diese Erfahrung zu ersparen. Deshalb unterdrücken sie ihre eigene Wut und wollen sie auch bei ihren Kindern nicht sehen, zumal sie fürchten, dass ihre Kinder genauso aggressiv werden könnten wie ihre Eltern.

Doch es ist nicht verwunderlich, dass Kinder, die gelernt haben, ihre Wut nach innen statt nach außen zu richten, später umso mehr zu psychischen Diagnosen wie Depressionen oder zu autoaggressivem Verhalten (sich ritzen etc.) neigen.

Dabei handelt es sich bei den Kindern, die ihre Wut in sich hineinfressen, statt um Hilfe zu rufen, oft um solche, die von ihren Eltern als besonders angenehm und unkompliziert empfunden werden. Die keine »Scherereien« machen, sondern jederzeit kooperieren und sich ansonsten unauffällig verhalten.

Diesen »unsichtbaren« oder »übersehenen« Kindern ist später ein eigenes Kapitel (»›Was habe ich für ein Glück, dass mein Kind so unkompliziert ist.‹ – Über den Preis der Kooperation«) gewidmet.

Triggerpunkte

Doch wie gehen wir damit um, wenn wir aus scheinbar nichtigem Anlass aus der Haut fahren? Wenn wir von unserer eigenen Wut überrollt werden und ewig brauchen, um uns wieder abzuregen? Wenn wir das Gefühl haben, unverhältnismäßig heftig auf ein Verhalten unserer Kinder zu reagieren?

Vermutlich kennen die meisten von uns einen wunden Punkt der eigenen Persönlichkeit, der uns überempfindlich reagieren lässt und manchmal in Verwirrung stürzt – unsere psychische Achillesferse. Bei Achilleus, dem sagenhaften Helden aus der griechischen Mythologie, war die Ferse die einzige Stelle, an der er verwundbar war. So starb er durch einen vergifteten Pfeil des Paris, der ihn in die Ferse traf.

Man kann so einen wunden Punkt auch als Triggerpunkt bezeichnen – im Gegensatz zu Achilleus überleben wir, wenn jemand ihn trifft, doch wird dadurch ein Schmerz lebendig, dessen Ursache in unserer Vergangenheit liegt.

Bei Caroline war es die schmerzhafte Erinnerung an ihre Kindheit, die sie explodieren ließ, als ihre Tochter den Zug verpasste (s. das Kapitel »›Kinder müssen lernen, Verantwortung zu übernehmen.‹ – Für sich oder für andere?«). Sie hatte sich in ihrer Kindheit manchmal genauso einsam und übergangen gefühlt wie N. in diesem Moment. Nur war sie sich dessen während ihres Wutausbruchs nicht bewusst. Erst ihre Entdeckungsreise nach innen ließ sie erkennen, dass sie ihre Tochter in diesem Moment genauso einsam machte, wie sie es selbst erlebt hatte, und dass sie ihre Tochter unwissentlich für einen Schmerz verantwortlich machte, für den sie nichts konnte und der nichts mit ihr zu tun hatte.

Solche Verletzungen aus der Kindheit, die uns einst zu Überlebensstrategien zwangen, die auch heute noch unser Verhalten beeinflussen, werden Entwicklungstraumata genannt. Es sind die Wunden unserer Seele, die uns von den Menschen zugefügt wurden, denen wir vertraut haben und die uns mehr als alle anderen am Herzen lagen.

Die verlorene Welt der Gefühle

Ein Teil von uns bleibt wohl ein Leben lang der kleine Junge oder das kleine Mädchen von einst, das weiterhin ihren strengen Vater zufriedenstellen oder die Launenhaftigkeit ihrer Mutter ausgleichen und besänftigen will.

Wenn wir als Kinder gezwungen waren, uns allzu sehr den Bedürfnissen unserer Eltern anzupassen, hat dies dazu geführt, dass unsere eigenen Bedürfnisse nach Liebe, Achtung und Verständnis verdrängt und Gefühle wie Zorn, Eifersucht und Neid nicht ausreichend erlebt wurden. So wurden viele

Gefühle von uns ferngehalten, denn ein Kind kann sie nur dann erleben, wenn eine Person da ist, die es mit diesen Gefühlen annimmt, versteht und nicht verurteilend begleitet.

Im späteren Leben brechen diese gespeicherten und nicht gelebten Gefühle immer wieder hervor, ohne dass uns bewusst ist, womit sie in Verbindung stehen. Ihren Sinn können wir erst dann entziffern, wenn es uns gelingt, einen Zusammenhang mit der ursprünglichen Situation aus unserer Vergangenheit herzustellen.

Wir möchten an dieser Stelle hinzufügen, dass es äußerst hilfreich sein kann, sich während dieses Prozesses professionell begleiten zu lassen. Zumal viele von uns gewohnt sind, Probleme mit sich selbst auszumachen, und gar nicht auf den Gedanken kommen, Hilfe in Anspruch zu nehmen. Es tut einfach gut, so einen Prozess nicht allein angehen zu müssen. Trauerarbeit braucht Zeugen.

Narben der Vergangenheit

Wie sehr gerade unsere Kinder prädestiniert dafür sind, die Narben unserer Vergangenheit zu berühren, zeigt folgende Geschichte:

Eine dreiköpfige Familie befindet sich im Urlaub und wohnt in einem Hotel, in dem es abends ein großes Büfett gibt, was der achtjährige Niklas sehr aufregend findet. Er läuft mit seinem Teller in der zweiten Reihe hin und her, schaut zwischen den Erwachsenen hindurch und kann sich gar nicht entscheiden, welche von all den Köstlichkeiten er zuerst nehmen soll. Am liebsten würde er sich sofort auf das Tiramisu stürzen, aber er weiß, dass er zunächst etwas anderes nehmen sollte.

Als er sieht, dass der Berg an Fleischklößchen immer kleiner wird, und er schon befürchtet, keines mehr abzukommen, schlüpft er rasch zwischen zwei Vorderleuten hindurch, schnappt sich zwei davon und legt sie auf seinen Teller. Die übrigen Gäste beachten ihn gar nicht, doch im Nu steht sein Vater neben ihm und hält ihm in aller Öffentlichkeit eine Standpauke: dass man sich nicht vordrängeln dürfe und dies ein unverschämtes Verhalten sei und so weiter und so fort. Dann nimmt er seinem Sohn den Teller mit den beiden Fleischklößchen weg und schickt ihn ganz nach hinten ans Ende der Schlange.

Als die Familie kurz darauf wieder zusammen am Tisch sitzt und Niklas immer noch Tränen in den Augen, aber keinen Appetit mehr hat, schimpft sein Vater weiter und kann sich gar nicht mehr beruhigen: Dass so eine Rücksichtslosigkeit das Schlimmste sei, was er kenne, und Niklas sich mal vorstellen solle, was passiere, wenn sich alle so verhalten würden.

Erst als die Eltern später unter sich sind und die Sache Revue passieren lassen, beginnt Niklas' Vater irgendwann von seinem eigenen Vater zu erzählen, den er als rücksichtslosen Egoisten erlebte, der stets auf seinen eigenen Vorteil bedacht war und tatsächlich die Angewohnheit hatte, sich in Schlangen vorzudrängeln.

Und obwohl er immer noch der Meinung ist, seinem Sohn eine wichtige Lektion erteilt zu haben, dämmert es ihm allmählich, dass die anhaltende Wut auf Niklas auch damit zu tun hat, dass er ihn in der heutigen Situation an seinen eigenen Vater erinnerte.

Die eigene Überempfindlichkeit im Alltag mit Verletzungen aus der Kindheit in Verbindung zu bringen, ist ein langer und schmerzhafter Prozess. Niklas' Vater ist an diesem Abend zum ersten Mal diesem Gedanken auf die Spur gekommen, wenngleich ihm noch längst nicht in vollem Umfang bewusst ist, wie viel aufgestaute Wut er in sich trägt.

Doch es lohnt sich, die eigenen Verhaltensmuster zu ergründen und die eigenen Narben zu kennen. Denn die Erfahrung lehrt, dass wiederkehrende Konflikte mit unseren Kindern meist verschwinden, sobald wir uns selbst besser verstehen und mit uns im Reinen sind. Außerdem verhindern wir so, dass ein Entwicklungstrauma von Generation zu Generation weitergegeben wird.

Caroline erlebt in ihren Beratungen immer wieder, wie »Überlebensstrategien« aus unserer Kindheit unser Verhalten als Erwachsene prägen und unsere Beziehungen zu anderen Menschen belasten. Doch niemand braucht deshalb Schuldgefühle zu haben. Das Wissen um unsere wunden Punkte sollte stets einhergehen mit einer anerkennenden Haltung uns selbst gegenüber.

Sich auf eine Entdeckungsreise nach innen zu begeben und die Begleitumstände der eigenen Kindheit sowie die eigenen Überlebensstrategien zu ergründen, heißt nicht, irgendjemandem im Nachhinein einen Vorwurf zu machen.

Viele Menschen hadern im Nachhinein mit der Erziehung ihrer Eltern. Doch zum einen sollten wir uns davor hüten, uns in der Opferrolle zu sehen, weil dies verhindert, dass wir für unser Leben und Verhalten, für unsere psychische Konstitution und unsere Narben persönliche Verantwortung übernehmen.

Zum anderen haben es unsere Eltern so gut gemacht, wie sie es vermochten. Sie gehörten einer anderen Zeit und einer anderen Generation an, waren womöglich von anderen pädagogischen Überzeugungen geprägt und haben in ihrer Kindheit selbst Narben davongetragen – was keine Beschwichtigung sein soll!

Natürlich steht es allen Eltern frei, ihre einstige Erziehung auf den Prüfstand zu stellen und sich bei ihren Kindern für das zu entschuldigen, was ihnen heute leidtut. Nur gibt es in unserer Gesellschaft für so ein Verhalten leider keine Tradition. Bleibt die Entschuldigung – wie in den meisten Fällen – aus, bleibt auch der Bruch zwischen Eltern und Kindern bestehen, der emotionale Nähe verhindert.

Unser Schmerz wird allenfalls dadurch gelindert, dass wir auch für ihn persönliche Verantwortung übernehmen und uns mit anderen Menschen austauschen, die uns das Gefühl geben, »gesehen« und verstanden zu werden.

> *»Wir brauchen uns nicht vor Konflikten und Problemen mit uns und anderen zu fürchten, denn sogar Sterne knallen manchmal aufeinander und es entstehen neue Welten. Heute weiß ich: Das heißt Leben!«*
>
> *Charlie Chaplin*

»Bei uns dürfen
alle mitbestimmen.«

Eine Familie ist keine Mini-Demokratie.

Gleichwürdigkeit. Ein ungewohntes Wort. Ein interessantes Wort. In den Duden aufgenommen wurde es noch nicht, aber im pädagogischen Diskurs ist es längst keine Seltenheit mehr.

Jesper Juul hat sich den Begriff der Gleichwürdigkeit ausgedacht und ihn geprägt. In ihm kommt die grundsätzliche Überzeugung zum Ausdruck, dass alle Menschen, gleich welchen Alters, von gleichem Wert sind und dieselbe Würde haben. Ein wenig fühlt man sich an den ersten Artikel der deutschen Verfassung erinnert: »Die Würde des Menschen ist unantastbar.«

Nur handelt es sich in diesem Fall nicht um eine politische Aussage, sondern um einen wichtigen Grundsatz in zwischenmenschlichen Beziehungen und einen zentralen Wert des Familienlebens.

Praktizierte Gleichwürdigkeit in der Familie heißt, dass die Bedürfnisse aller Familienmitglieder gleich wichtig sind und gleich ernst genommen werden müssen und nicht etwa mit dem Hinweis auf das Alter oder Geschlecht abgetan oder ignoriert werden.

Gleichwürdigkeit bedeutet aber weder Ebenbürtigkeit noch Gleichheit. Kinder werden mit vielfältigen Anlagen, doch ohne Wissen und Erfahrung geboren und bedürfen der inneren Autorität und der Führung der Erwachsenen. Dennoch können ihre Gedanken, Bedürfnisse und Interessen von Anfang an als gleichwürdig erachtet und ein Kind in seiner Welt ernst genommen werden.

Was wiederum nicht heißt, einem Kind all seine Wünsche zu erfüllen, sondern seine Wünsche anzuerkennen und zu respektieren, auch wenn ihnen nicht immer entsprochen werden kann.

> Gleichwürdigkeit trägt dem universellen Bedürfnis aller Menschen Rechnung, gehört, gesehen und ernst genommen zu werden.
>
> Sie bedeutet, dass ich mein Gegenüber – ob Kind und Erwachsenen – genauso ernst nehme wie mich selbst. Sie wird der selbstverständlichen Tatsache gerecht, dass wir alle verschieden sind und jedes Individuum eigene Ansichten, Wünsche und Bedürfnisse hat.

Ach ja, was für schöne und hehre Worte, werden manche jetzt denken. Aber wie soll ich mich gerade in Konfliktsituationen gleichwürdig verhalten? Wie wahre ich die Würde meines Kindes, wenn es partout nicht auf mich hören will und mich mit seinem Verhalten zur Weißglut treibt?

Stellen wir uns einen Vater vor, der sich mit seiner dreijährigen Tochter in der Küche befindet. Er räumt Geschirr in die Spülmaschine ein, während seine Tochter auf ihrem Hochstuhl am Küchentisch sitzt und Kartoffelbrei isst.

Plötzlich fällt der Löffel auf den Boden. Der Vater dreht sich um, hebt wortlos den Löffel auf, wäscht ihn ab und gibt ihn seiner Tochter zurück, damit sie weiteressen kann. Danach wischt er den Boden sauber.

Sekunden später klatscht erneut ein ganzer Schwung Kartoffelbrei mitsamt dem Löffel auf den Fußboden. Diesmal schnappt sich der Vater den Löffel mit genervtem Stöhnen, wäscht ihn ab und gibt ihn seiner Tochter mit der Ermahnung zurück: »Luisa, nicht den Löffel auf den Boden werfen!«

Doch Luisa hat gerade ein schönes Spiel entdeckt und so wiederholt sich der Vorgang mehrere Male, während der Vater immer ungehaltener wird und sich nur noch mit größter Mühe beherrschen kann. Am liebsten würde er seiner Tochter den Löffel einfach wegnehmen, doch irgendetwas hält ihn davon ab.

Zum einen will er nicht dafür verantwortlich sein, dass Luisa nicht satt wird. Zum anderen würde er das Wegnehmen des Löffels als Bestrafung seiner Tochter ansehen, und er ist mit seiner Partnerin übereingekommen, ihr gemeinsames Kind ohne Strafen zu erziehen. Er kann doch seiner Tochter nicht immer etwas wegnehmen, wenn die Erziehung nicht gleich funktioniert, denkt er. Das käme ihm allzu primitiv vor. Vielmehr soll Luisa lernen, ihm zuzuhören und ihn als Vater ernst zu nehmen.

Caroline erlebt in ihren Beratungen immer wieder, dass viele Eltern eine große Scheu davor haben, ihren Kindern etwas wegzunehmen – aus sehr ehrenwerten und empathischen Motiven. Das Wegnehmen als Erziehungsmethode zu betrachten, ist sicher kein Zeichen von Gleichwürdigkeit. Doch geht es hier auch um die persönlichen Grenzen des Vaters, der sich keinen Rat mehr weiß, weil er mit freundlichen Ermahnungen nicht weiterkommt. Statt seine Verärgerung zum Ausdruck zu bringen, sucht er krampfhaft nach anderen Möglichkeiten, um Luisa davon abzuhalten, ihren Kartoffelbreilöffel durch die Küche fliegen zu lassen.

Vielleicht fragt er sich auch, ob seine Tochter vielleicht schwer von Begriff ist, wenn sie so etwas Einfaches trotz mehrfacher Wiederholung nicht versteht.

Statt sich auf das Äußerliche, also auf das Verhalten seiner Tochter zu fokussieren, könnte der Vater auch seine eigenen Grenzen deutlich machen. Könnte zum Ausdruck bringen, dass er jetzt wütend ist und endgültig genug von diesem Spiel hat – und seiner Tochter den Löffel wegnehmen. Es geht nicht um das Wegnehmen an sich, sondern darum, wie es vermittelt wird.

Seine eigenen Grenzen deutlich zu machen, ist etwas ganz anderes, als dem Kind zu vermitteln, dass es »böse« und ungehorsam ist und die »Schuld« an der Wut des Vaters trägt.

Diese Situation gleichwürdig zu meistern, heißt, sich einzugestehen, dass man als Vater gerade nicht weiterweiß und es eben nicht schafft, seine Tochter vom Werfen des Löffels abzuhalten. Dass man hierfür ebenso Verantwortung übernimmt wie für die Tatsache, dass man weder Lust noch

Energie hat, ständig den Boden aufzuwischen. Und dass man seiner Tochter deshalb den Löffel wegnimmt, ohne dass sie sich schuldig fühlen muss.

In persönlicher Sprache würde sich das etwa folgendermaßen anhören: »Ich will nicht, dass du den Löffel auf den Boden wirfst, Luisa! Ich hab keine Lust, ihn ständig aufzuheben und den Boden zu wischen. Ich weiß nicht, wie ich dir das deutlicher sagen kann, und da ich gerade nicht weiterweiß, nehme ich dir erst mal den Löffel weg.«

Was ist Beziehungskompetenz?

Man kann symmetrische von asymmetrischen Beziehungen unterscheiden. Bei der symmetrischen Beziehung befinden sich beide Personen in hierarchischer Hinsicht auf derselben Ebene, zum Beispiel in einer Partnerschaft, unter Freunden oder Kolleginnen. In einer symmetrischen Beziehung tragen beide Seiten gleich viel Verantwortung für das Gelingen beziehungsweise für die Qualität der Beziehung.

Eltern streben heute oft eine symmetrische Beziehung zu ihren Kindern an, wollen nicht mehr die »übergeordneten« Eltern von einst, sondern am liebsten Freunde und Kumpel ihrer Sprösslinge sein. Was vermutlich auch damit zu tun hat, dass vielen Eltern jegliche Machtausübung suspekt ist, weil sie den Begriff der Macht mit etwas Negativem verbinden.

Doch ist es keine Frage des Wollens, sondern eine simple Tatsache, dass wir Macht über unsere Kinder besitzen – sowohl in ökonomischer als auch in psychologischer Hinsicht.

Wir Eltern sind es, die den Ton in der Familie setzen, ihre Stimmung und Atmosphäre maßgeblich beeinflussen. Wir sind es, die das Selbstbild unserer Kinder entscheidend prägen, weil wir die Definitionsmacht über sie besitzen. (»Du bist begabt und intelligent.« Oder: »Du bist faul und träge.«) Und wir sind es, die für die Qualität der Beziehung zu unseren Kindern verantwortlich sind.

Beim Verhältnis zwischen Eltern und Kindern handelt es sich um eine asymmetrische Beziehung, weil die eine Seite mehr Macht hat als die andere. Sich der Verantwortung bewusst zu sein, die daraus erwächst, kann man auch als »Ethik der Beziehungskompetenz« bezeichnen:

> In der Interaktion zwischen Menschen, bei denen die eine Seite mehr Macht als die andere hat, trägt die Seite mit der größeren Macht die Verantwortung für die Qualität des Prozesses und seine Folgen.

Der gleichwürdige Dialog

Einen Crashkurs in Sachen Beziehungskompetenz machte Caroline während eines Konflikts mit ihrem siebenjährigen Sohn M., den wir bereits kennengelernt haben:

Ich kann mich gar nicht mehr erinnern, worum es eigentlich ging; nur noch daran, dass wir irgendeinen Konflikt hatten. Ich fühlte mich als Mutter absolut berechtigt, etwas von ihm zu verlangen. Es war keine besondere Sache, doch offenbar war er damit nicht einverstanden und weigerte sich. Ein Wort gab das andere, und weil ich größer und redegewandter war als M., wurde er zum Ausgleich immer lauter. Als auch ich meine Stimme hob, schrie er mich plötzlich an: »Du dumme, fette Sau!«

Danach herrschte erst mal absolute Stille. Ich war wie vom Donner gerührt und wusste nicht, was ich sagen sollte, was in diesem Moment wohl auch das Beste war. Denn die Art, wie ich vorher kommuniziert hatte, war offensichtlich nicht besonders fruchtbar gewesen.

Mir gingen mehrere Dinge durch den Kopf: Zum einen wollte ich nicht, dass mein Sohn mir solche Worte an den Kopf wirft. Weder mir noch irgendjemand sonst. Zum anderen war mir klar, dass er seine Worte bewusst gewählt hatte. Schließlich war er kein zweijähriger Junge, der noch nicht wusste, was er da sagt.

Von außen betrachtet, hatte Caroline in dieser Situation zwei Möglichkeiten, um zu reagieren:

1. Nach dem Erziehungsmuster der traditionellen Gehorsamskultur hätte sie moralisch, belehrend und bestrafend reagieren können: »Wenn du noch einmal so was zu mir sagst, dann kannst du was erleben!« Oder: »So redet man nicht mit seinen Eltern. Zur Strafe bleibst du für den Rest des Tages auf deinem Zimmer und denkst über dein Verhalten nach.« Oder noch verletzender: »Geh in dein Zimmer und schäm dich!« Und natürlich hätte Caroline im Rahmen dieses Erziehungsmusters darauf bestanden, dass sich ihr Sohn sofort bei ihr für sein Fehlverhalten entschuldigt.
2. Die andere Möglichkeit bestand darin, den Grundsatz der Beziehungskompetenz zu wahren. Sich zu verge-

genwärtigen, dass sie die Verantwortung für die Beziehung zu ihrem Sohn trägt.

Zweifellos war diese Beziehung im Moment nicht gut, und es war an Caroline, sie wieder zu kitten. Womit nicht gemeint ist, dass sie Schuld an der entstandenen Situation hat, sondern nur, dass sie die Verantwortung für die Qualität des Prozesses trägt.

»Das Entscheidende für die Qualität im Leben des Kindes, im Leben der Eltern und im Verhältnis zwischen ihnen ist die Fähigkeit und Bereitschaft der Eltern, die Verantwortung für das zu übernehmen, was nicht gelingt.«

Jesper Juul

Ich wandte mich also an unseren Sohn und sagte: »Das sind sehr harte Worte, die du gewählt hast. Du musst unglaublich wütend auf mich sein. Ich will nicht, dass du mich so nennst, aber mich interessiert deine Wut. Was hat dich so wütend auf mich gemacht?«

Dieses Verhalten ermöglicht einen Dialog, in dem M. Worte dafür finden kann, was seine Wut ausgelöst hat. Dadurch erhält der Junge Gelegenheit, seiner Mutter – natürlich in altersgerechter Sprache – zu erklären, wo er sich von ihr eingeengt fühlt oder wo vielleicht sogar unwissentlich seine Grenzen überschritten wurden. Er lernt somit zu reflektieren, was seiner Wut zugrunde liegt, und erhält zudem eine Plattform, sie zu artikulieren.

Caroline wiederum lernt ihren Sohn dadurch besser kennen, bekommt einen genaueren Eindruck von seinem Wesen und erfährt außerdem, was ihr Verhalten in ihm ausgelöst hat.

Natürlich ist es für eine Mutter oder einen Vater alles andere als einfach, in so einer Situation den Überblick und die Ruhe zu bewahren, doch wenn es gelingt, werden beide Seiten mit einem intensiven Kontakt und einer gestärkten Beziehung belohnt. Beide hören einander zu, der Erwachsene erkennt die Sicht des Kindes an und kann am Ende entscheiden, wie es weitergeht.

> Zu wissen, dass ich Teil einer Beziehung bin, für die ich die Verantwortung trage, stärkt bereits die Qualität dieser Beziehung. Diese innere Haltung allein kann manchmal Wunder bewirken.

Übrigens hat mich unser Sohn nie wieder »dumme, fette Sau« genannt.

Die Kunst des Zuhörens

Was beim Thema des gleichwürdigen Dialogs oft zu kurz kommt, ist die Kunst des Zuhörens. Wir möchten diese Fähigkeit ausdrücklich als Kunst bezeichnen, denn nur wenige von uns sind in der Lage, aufmerksam und vorurteilsfrei zuzuhören, das Gehörte nicht gleich zu bewerten, sondern einfach nur da zu sein und es auf sich wirken zu lassen.

Wenn dies gelingt, kommt es zu einer Verlangsamung des Gesprächs. Die Worte haben Zeit, sich zu setzen. Die Gesprächspartner gestatten es sich, in Ruhe zu reflektieren und ihre Resonanz auf das Gesprochene zu erkunden, ohne eine bestimmte Absicht zu verfolgen.

Eltern sollten sich immer wieder darin üben, Gespräche mit ihren Kindern zu führen, die ein intensives Miteinander, aber keine Diskussions- oder Argumentationsrunden sind.

Dieser gemeinsame Prozess ist erlebnisorientiert, nicht zielorientiert. Es geht darum, gemeinsam Neues zu erfahren und einander besser kennenzulernen. Es geht nicht darum, jemanden zu belehren oder aus einem Streitgespräch als vermeintlicher Sieger hervorzugehen.

Richtig zuzuhören bedeutet, sich »leer zu machen«, statt sich verleiten zu lassen, das eigene Wissen sowie mögliche Lösungen und Ziele ins Gespräch einfließen zu lassen.

Caroline erlebt immer wieder, wie fremd dieses Denken vielen Eltern ist, die genau an diesem Punkt »scheitern«. Sie wollen Situationen managen und Konflikte lösen, doch häufig fehlen ihnen schlicht die Worte, wenn es darum geht, auf sich selbst zu blicken und die eigenen Gedanken und Gefühle zu beschreiben. Und sie tun sich schwer, sich in der Kunst des Zuhörens zu üben.

Die Macht der nonverbalen Sprache

Gleichwürdige Führung funktioniert nur auf der Grundlage von Dialog, persönlicher Sprache, Authentizität und der Fähigkeit zum vorurteilsfreien Zuhören. Ob es um die Führung der Eltern in der Familie geht, um die Beziehung zwischen Lehrerin und Schülerin oder zwischen Vorgesetzten und Mitarbeitern spielt hierbei keine Rolle.

Wie bereits erwähnt, geht es bei der persönlichen Sprache im Kern darum, von sich selbst statt vom anderen zu reden. Ich-Aussagen statt Du-Aussagen zu treffen. Von den eigenen Gedanken und Gefühlen zu berichten, statt dem Gegenüber Vorwürfe zu machen oder Dinge zu unterstellen, die nur sie oder er selbst wissen kann.

Wenn ich mich persönlich äußere, kann ich mein Gegenüber nicht verletzen, da ich ausschließlich von mir und meinen Gefühlen spreche. Was jedoch nicht heißt, dass sich mein Gesprächspartner nicht doch angegriffen oder kritisiert fühlt. Darum gehört zu einem gleichwürdigen Dialog auch der Wille, mein Gegenüber daraufhin zu beobachten, wie das Gesagte bei ihm ankommt. Oft verraten schon Gestik und Mimik, dass unsere Mitteilungen beim anderen nicht so ankommen, wie wir uns das vorstellen.

Aus der Kommunikationsforschung wissen wir, dass ein Dialog zwischen zwei Personen ganz überwiegend von der nonverbalen Sprache beeinflusst wird und das gesprochene Wort nur etwa zehn Prozent der Wirkung ausmacht. Ob wir wollen oder nicht – unsere Anschauungen und Werte, unsere Gedanken und Gefühle beeinflussen das Verhältnis zu unseren Gesprächspartnern in jeder Sekunde des Dialogs. Es ist schlicht unmöglich, *nicht* zu kommunizieren, wie schon der österreichische Philosoph und Kommunikationswissenschaftler Paul Watzlawick einst festgestellt hat: Auch ohne Worte stehen wir jederzeit im Austausch mit unseren Mitmenschen.

Wenn Eltern das Gefühl haben, dass ihr Kind die Kommunikation verweigert, sobald sie ein bestimmtes Thema anschneiden, könnte dies mit dem Einfluss der nonverbalen Sprache zu tun haben beziehungsweise mit dem feinen Sensorium, das unsere Kinder in dieser Hinsicht besitzen.

Stellen wir uns eine Mutter vor, die gerade von der Nachbarin erfahren hat, dass ihre Tochter beim Fahrradfahren keinen Helm getragen hat. Sie ist empört darüber, weil ihre Tochter genau weiß, dass sie ohne Helm nicht Fahrrad fahren darf. Damit es aber nicht so aussieht, als sitze die Tochter auf der Anklagebank, versucht sie zunächst, die Situation ein wenig zu entschärfen und sich dem Thema quasi durch die Hintertür zu nähern.

Als ihre Tochter wenig später nach Hause kommt, sitzt die Mutter scheinbar entspannt auf dem Sofa, bemüht sich um ein freundliches Lächeln und empfängt ihre Tochter mit den Worten: »Komm setz dich zu mir, dann können wir ein bisschen plaudern.«

Die Tochter verschwindet daraufhin sofort in ihrem Zimmer, weil sie schon von Weitem »riechen« kann, dass dies keine harmlose Plauderei werden wird.

Viele Eltern scheuen im Dialog mit ihren Kindern den direkten Kontakt und die persönliche, authentische Sprache. Mitunter wollen sie auch einen Konflikt umgehen, indem sie freundlich und harmlos klingen. Doch können sie sicher sein, dass ihre Kinder einen siebten Sinn für solche Situationen haben.

Eltern können ihre Beziehungskompetenz weiterentwickeln, indem sie die Reaktionen ihrer Kinder beobachten und ihre Schlüsse daraus ziehen. Wenn sie registrieren, wann ihre Worte den gewünschten Eindruck hinterlassen und wann nicht.

Was Authentizität in der Erziehung angeht, gibt es keine faulen Tricks und keine Möglichkeit, sich irgendwie aus der Affäre zu stehlen. Erst, wenn es uns gelingt, unseren Kindern unverstellt und wahrhaftig gegenüberzutreten, werden wir mit dem warmen Gefühl einer authentischen und erfüllenden Beziehung zu ihnen belohnt.

Der Mut, sich verletzlich zu machen

Wie schmerzhaft dieser Prozess dennoch sein kann, musste Caroline erfahren, als es mit ihren Kindern um einen klassischen Streitpunkt ging – das rechtzeitige Nachhausekommen:

Wir hatten vereinbart, dass unsere Kinder, die damals schon alle zur Schule gingen, spätestens um 18.30 Uhr wieder zu Hause sein sollten. So würden wir genug Zeit für das Abendritual haben: waschen, Zähne putzen, Pyjama anziehen, eine Geschichte vorlesen und noch ein bisschen kuscheln.

Es war Sommer, die Tage waren lang und hell, und die Kinder kamen seit ein paar Abenden immer zu spät nach Hause. Daraufhin habe ich mit ihnen geredet und ihnen deutlich gemacht, wie wichtig mir es ist, dass sie um 18.30 Uhr wieder zu Hause sind. Doch leider verfehlten meine Worte die beabsichtigte Wirkung, und ich überlegte, woran das liegen könnte.

Zu dieser Zeit hatte ich damit begonnen, keine Strafen mehr zu verhängen, wenn die Kinder sich nicht an vorgegebene Regeln hielten. Ich wollte, dass sie mich ernst nahmen, statt eine Sanktion zu fürchten.

Dann ging mir plötzlich der Rat von Jesper Juul durch den Kopf: »Wenn nichts mehr hilft, versuch es mit der Wahrheit.«

Als meine Kinder das nächste Mal zu spät kamen, setzte ich mich also mit ihnen zusammen und versuchte, seinen Rat in die Tat umzusetzen. Ich fragte sie, was der Grund für ihr Zuspätkommen sei, und sie antworteten freiheraus, dass sie einfach gerne länger draußen sein wollten. Ich habe ihnen gut zugehört und ihren Wunsch anerkannt. Dennoch blieb ich bei meiner Entscheidung, dass sie um 18.30 Uhr zu Hause sein mussten.

Doch es nützte nichts, am nächsten Abend kamen wieder alle drei zu spät. Was soll ich nur machen, fragte ich sie, und ihre Antwort kam wie aus der Pistole geschossen: eine Strafe ankündigen! Wie interessant, dachte ich mir. Sie wollen also wissen, was passiert, wenn sie das nächste Mal zu spät kommen, um dann selbst entscheiden zu können, ob sie die Strafe in Kauf nehmen oder lieber rechtzeitig zu Hause sein wollen.

In diesem Moment fühlte ich mich überhaupt nicht mehr ernst genommen. Was für eine Farce, dachte ich, wenn die Kinder diese simple Entscheidung treffen können. Also versuchte ich mich so ehrlich und authentisch wie möglich zu äußern und erklärte ihnen, dass einfach zu wenig Zeit für das Abendritual bliebe, wenn sie nach 18.30 Uhr nach Hause kämen. Doch aus irgendeinem Grund erreichte diese Begründung meine Kinder nicht wirklich, obwohl ich doch dachte, die Wahrheit ausgesprochen zu haben.

Erst mehrere Tage später wurde mir der wahre Grund dafür klar, warum mir die Pünktlichkeit meiner Kinder so wichtig war: Weil andernfalls nicht mehr genug Zeit blieb, um mit ihnen zu kuscheln und ihnen eine Gutenachtgeschichte vorzulesen. Natürlich hätte ich auch einfach darauf verzichten können, doch schon bei dem Gedanken daran stiegen mir Tränen in die Augen. Das war es, worum ich die ganze Zeit gekämpft hatte, ohne es mir einzugestehen.

Mit dieser neuen Erkenntnis suchte ich erneut das Gespräch mit meinen Kindern. Ich erzählte ihnen von meiner Besorgnis und meiner Trauer, was das mögliche Wegfallen des Kuschelns und der gemütlichen Zeit am Ende des Tages anging. Die Kinder hörten mir aufmerksam zu und ich fühlte mich ernst genommen. Sie verstanden meine Beweggründe, sagten aber auch, dass sie gern bereit wären, auf das Kuscheln zu verzichten, wenn sie dafür abends eine halbe Stunde länger draußen bleiben dürften – das sei ihnen wichtiger.

Rums! Ein Schlag ins Gesicht. Ich konnte meine Tränen kaum zurückhalten. Noch heute spüre ich den Schmerz von damals, als mir bewusst wurde, dass die Kinder sich entwickeln und ihre Bedürfnisse sich verändern. Und dass ich dieser Entwicklung nicht entgegenstehen darf, nur weil ich selbst so gern mit ihnen kuschele.

Es war der Beginn der Ablösung und die einsetzende Erkenntnis, dass unser Abendritual sich verändern würde. Diese Ablösung war eng mit dem Gefühl der Trauer verbunden. Einer Trauer, der ich anfangs nicht ins Gesicht sehen und lieber alles beim Alten belassen wollte.

> Authentisch sein heißt, sich bewusst zu machen, was in unserem Körper geschieht. Es bedeutet, dass wir unsere Gefühle, Gedanken und Absichten so wahrhaftig wie möglich offenbaren, statt uns hinter Rollen, Floskeln oder Rationalisierungen zu verstecken.

Die Schutzschicht der Gefühle

»Wenn nichts mehr hilft, versuch es mit der Wahrheit.« Wenn's doch nur so einfach wäre. Das letzte Beispiel hat bereits gezeigt, dass wir uns durchaus irren können, wenn wir glauben, uns authentisch zu verhalten. Dass wir manchmal nicht gleich in der Lage sind, unsere wahren Beweggründe zu durchschauen.

Wenn unsere als authentisch empfundenen Äußerungen bei unseren Kindern keinen Eindruck hinterlassen, könnte das ein Indiz dafür sein, dass wir noch nicht zum tatsächlichen Ursprung unserer Gedanken und Emotionen vorgestoßen sind. Dass es sich vielmehr bloß um die Schutzschicht handelt, die unsere tiefen Gefühle umgibt.

Was mit diesen womöglich ein wenig rätselhaften Worten gemeint ist, soll folgende Geschichte illustrieren:

Die Vorbereitungen zu einem 75. Geburtstag laufen auf Hochtouren. Ein Großvater soll ausgiebig gefeiert werden, und selbstverständlich sollen auch seine Kinder und Enkelkinder mit von der Partie sein. Da es sich bei dem Jubilar um einen konservativen und traditionsbewussten Mann handelt, hat er sämtliche Geburtstagsgäste gebeten, in Tracht oder anderer traditioneller Kleidung zu erscheinen. Die gesamte Feier soll so aussehen, als würde sie vor hundert Jahren stattfinden. Auch eine gemeinsame Kutschfahrt ist geplant.

Die Tochter des Geburtstagskinds bringt der Wunsch ihres Vaters in die Bredouille. Obwohl sie wenig Lust dazu hat, leiht sie sich von einer Freundin ein Dirndl, aber wie sie ihre Teenagertöchter dazu bringen soll, so etwas anzuziehen, ist ihr schleierhaft.

Schließlich lassen sich die beiden Mädchen widerwillig breitschlagen, zwei altmodische Rüschenkleider ihrer Tante zu tragen.

Am Morgen des Geburtstags dann die Kehrtwende. Nie im Leben würden sie so einen »altmodischen Schwachsinn« anziehen, erklären sie einmütig. Diese ganze Kostümierung sei eine Schnapsidee, und sie würden ja ohnehin nicht nach ihrer Meinung gefragt. Wenn ihr Opa Wert auf ihre Anwesenheit lege, müsse er sie halt so nehmen, wie sie sind.

Die Mutter äußert zwar ein gewisses Verständnis für ihre Abneigung, bringt aber auch ihre Enttäuschung zum Ausdruck: Sie verstehe einfach nicht, dass sie ihrem Opa, der sich solche Mühe mit den Vorbereitungen gegeben habe, nicht diesen einen Gefallen tun könnten.

Die Mädchen bleiben bei ihrer Haltung, und die Mutter verlässt frustriert das Zimmer, um der Besitzerin der Rüschenkleider ihr Leid zu klagen. Vielleicht würde es ihrer Schwester ja gelingen, ihre Nichten umzustimmen.

Interessanterweise sagt sie ihrer Schwester ganz andere Dinge als ihren Töchtern: dass es ihr im Grunde völlig egal sei, ob die beiden in Jeans oder mit Rüschenkleidern in der Kutsche sitzen würden. Sie frage sich allerdings, was ihre Eltern dann von ihren Enkelinnen und von der Erziehung ihrer Tochter dächten. Als Kinder hätten sie schließlich oft genug erlebt, wie streng und unnachgiebig ihre Eltern waren, wenn es um die passende Garderobe für bestimmte Anlässe ging.

Ihre Schwester wusste allzu gut, wovon sie sprach. Beide hatten unter der Einstellung ihrer Eltern gelitten und waren durch ihr Verhalten verletzt worden.

Plötzlich wird der Mutter klar, warum sie ihren Töchtern gegenüber so »enttäuscht« reagiert hat: Sie will nicht, dass ihnen das Gleiche widerfährt wie ihr als Kind. Sie will sie vor dieser Verletzung schützen.

Zugleich begreift sie, dass diese Gedanken und Gefühle authentisch sind – nicht das, was sie ihren Töchtern mitgeteilt hat.

Sie sucht daraufhin erneut ihre Töchter auf, die immer noch mit demonstrativ verschränkten Armen auf der Bettkante sitzen, und sagt zu ihnen, dass ihre Worte von vorhin keine Bedeutung hätten und sie noch mal von vorn beginnen wolle.

Dann erzählt sie ihren Töchtern, dass es für ihren Großvater schon immer enorm wichtig gewesen sei, wie man zu bestimmten Anlässen gekleidet ist, und dass sie fürchte, er könne schlecht über seine Enkelinnen denken, wenn sie in Alltagsklamotten zu seinem Geburtstag kämen. Die Mutter betont, dass sie das total ungerecht fände und sie die Sache anders sehe als der Großvater.

Und siehe da – ihre Töchter hören ihr aufmerksam zu und ergänzen, dass ihrem anderen Großvater die Kleidung auch egal wäre und er so dächte wie sie. Eine Weile unterhalten sie sich über die unterschiedlichen Auffassungen der einzelnen Familienmitglieder, ohne irgendjemanden schlecht zu machen; auch das »Geburtstagskind« nicht. Dann erklären sie sich einverstanden, die Rüschenkleider anzuziehen.

Dieses Beispiel soll zeigen, dass die ersten Emotionen, die sich in bestimmten Situationen einstellen, nicht unbedingt unseren wahren und tiefen Gefühlen entsprechen müssen, sondern manchmal nur eine Schutzschicht sind. Die Mutter will ihre Kinder vor den Verletzungen schützen, die sie als Kind selbst erlitten hat.

Viele Menschen erlebten in ihrer Kindheit, dass sie ihren innersten Kern, die Essenz ihres Seins, nicht zeigen durften, weil dies von ihrem Umfeld kritisiert wurde. Dadurch gingen in frühen Jahren Unmittelbarkeit, Lebendigkeit, Freude und Energie verloren. Aus diesem Grund legen sie sich später eine Schutzschicht zu, um nicht immer wieder an den Schmerz ihrer Kindheit erinnert zu werden. Eine Schutzschicht, die sie daran hindert, authentisch zu sein und Kontakt zum Gegenüber zu bekommen.

Sich Zeit nehmen

Gleichwürdiges Verhalten hat viele Facetten, und Erziehungskompetenz ist etwas, das man nicht irgendwann beherrscht, sondern im Zusammenleben mit seinen Kindern entwickelt. Zum Abschluss dieses Kapitels wollen wir noch einen Gedanken ins Spiel bringen, der ganz gut zur »Kunst des Zuhörens« passt, nämlich die Fähigkeit, im richtigen Moment auf die Pausentaste zu drücken. Caroline erzählt:

Ich aß mit unseren drei Kindern auf der Terrasse zu Mittag. Unsere zwölfjährige Tochter und ich hatten einen Schattenplatz, während unsere Zehnjährige und unser achtjähriger Sohn in der Sonne saßen.

Unser Sohn sagte irgendwann, dass es ihm in der Sonne zu heiß wäre und er lieber im Schatten sitzen wolle. Glücklicherweise war seine Schwester sofort bereit, mit ihm die Plätze zu tauschen. Problem gelöst, dachte ich.

Falsch gedacht. Unser Sohn wollte nämlich sowohl im Schatten sitzen als auch seinen Platz behalten. Ich erklärte ihm, dass beides zugleich nicht ginge und er doch bitte mit seiner Schwester die Plätze tauschen solle. Er lehnte ab. Ich verstand nicht, wie man so stur sein konnte, und machte das ihm gegenüber auch sehr deutlich.

Daraufhin griff unser Sohn M. wortlos zur Fernbedienung der Markise und ließ sie ganz herunter, sodass wir alle im Schatten saßen. Meine Irritation über sein Verhalten wurde immer größer. Was für eine Ungerechtigkeit, dachte ich, dass er einfach entscheidet, den ganzen Esstisch zu beschatten.

Doch aus irgendeinem Grund war ich wie gelähmt und wusste in diesem Moment nicht, wie ich reagieren sollte. Mir schoss die Idee durch den Kopf, die Fernbedienung einfach an mich zu reißen, um den vorigen Zustand wiederherzustellen. Doch bestimmt wäre M. schneller als ich, würde sich die Fernbedienung vor mir schnappen und sich womöglich noch ein Wettrennen mit mir auf der Terrasse liefern, was ich unbedingt vermeiden wollte.

Was mich in dieser Situation »gerettet« hat, war die Tatsache, dass ich nicht weiterwusste. Ich gestand mir ein, völlig hilflos zu sein. Die Pause, die dadurch entstand, ermöglichte es M., mit sich selbst Kontakt aufzunehmen. Sich womöglich zu fragen, ob es noch eine andere Möglichkeit gab, den Konflikt zu lösen.

Zwei, drei Minuten lang saßen wir schweigend da, bis M. erneut zur Fernbedienung griff, die Markise wieder ein Stück nach oben fuhr und mit seiner Schwester die Plätze tauschte. Ich gestehe, dass ich damit überhaupt nicht mehr gerechnet hatte. Aber es zeigte mir, dass eine Pause manchmal Gold wert ist und ich gut daran getan hatte, mich diesmal mit Drohungen und Beschimpfungen zurückzuhalten.

Manchmal erteilt uns der Zufall lächelnd eine Lektion. Hätte Carolines Sohn sich anders verhalten, wäre ihr in diesem Moment nicht bewusst geworden, wie nützlich eine Denkpause sein kann.

> Es gehört zu den wundersamen Seiten unserer Erziehungskompetenz, dass wir sie manchmal gerade dann weiterentwickeln, wenn wir am wenigsten damit rechnen.

Indem Caroline die Verantwortung für ihre Hilflosigkeit übernahm, statt ihren Sohn zurechtzuweisen, ermöglichte sie es ihm, sich zu besinnen. Auch das ist gleichwürdige Führung.

»Ja, toll machst du das!«

Über inflationäres Lob und den Wert der Anerkennung

Wir leben in einer Gesellschaft, die geradezu süchtig danach ist, einander zu beurteilen. Wir liken und disliken in den sozialen Netzwerken, bewerten ebenso unsere Zahnärztin wie den Pizzaboten für ihren Service, lassen es Sterne regnen, wenn uns ein Buch gefallen hat, sprechen Warnungen und Empfehlungen für Taxifahrer aus und benoten unsere Politiker.

Mit dieser Beurteilungsmanie scheint aber auch die Sehnsucht nach dem Gegenteil zu wachsen: nach dem universellen Bedürfnis, um unserer selbst willen gesehen und wertgeschätzt zu werden – nicht, weil wir eine bestimmte Leistung vollbringen.

Von anderen beurteilt und bewertet zu werden, gefällt uns in der Regel weitaus schlechter, als unseren eigenen Daumen zu heben oder zu senken. Und selbst wenn wir uns durch ein Kompliment geschmeichelt oder durch ein Lob bestätigt fühlen, fragen wir uns mitunter, warum wir eigentlich so abhängig vom Zuspruch anderer sind.

Dieser Umstand sollte Anlass genug sein, sich einmal die Frage zu stellen, wie es eigentlich um Lob und Kritik in der Erziehung bestellt ist. Was wir damit bezwecken und wie es bei unserem Kind ankommt. Denn entscheidend für dessen Entwicklung ist nicht, was die Eltern beabsichtigen, sondern wie das Kind es erlebt.

Selbstwertgefühl und Selbstvertrauen

Würde man Eltern fragen, warum sie ihre Kinder loben, würden die meisten vermutlich antworten: »Um ihr Selbstwertgefühl zu stärken.« Fraglos ist das gut gemeint, doch sollten wir uns bewusst machen, dass auch das Lob eine Bewertung ist, mit dem wir eine erbrachte Leistung oder ein erwünschtes Verhalten honorieren. Das Selbstwertgefühl eines Kindes bleibt davon unberührt, da wir mit unserem Lob ausschließlich sein Selbstvertrauen stärken.

Beim **Selbst*vertrauen*** handelt es sich um den Glauben an unsere Fähigkeiten. Um unser Bewusstsein dafür, was wir konkret können, beherrschen und zu leisten imstande sind. Wenn wir ein Kind dafür loben, sein Zimmer aufgeräumt, Gitarre geübt oder ein Tor beim Fußball geschossen zu haben, dann applaudieren wir damit einer zuvor erbrachten Leistung oder einem Verhalten, das wir schätzen und uns wünschen. Wäre die Leistung ausgeblieben, hätte es auch kein Lob gegeben.

Unser **Selbstwert*gefühl*** handelt hingegen von unserem Erleben, *wer* wir sind. Vom mehr oder weniger intensiven Gefühl, mit uns selbst verbunden zu sein.

Ein intaktes Selbstwertgefühl lässt uns spüren, dass wir in uns ruhen und uns mit uns selbst wohlfühlen. Manche Menschen haben auch das Gefühl von etwas Unzerstörbarem in sich verinnerlicht.

»Der Mensch kann nicht leben ohne ein dauerndes Vertrauen zu etwas Unzerstörbarem in sich, wobei sowohl das Unzerstörbare als auch das Vertrauen ihm dauernd verborgen bleiben können.«

Franz Kafka

Ein geringes Selbstwertgefühl wird als innere Unruhe und Unsicherheit erlebt. Als Neigung zu Selbstvorwürfen sowie Schuld- und Schamgefühlen.

Es spricht nichts dagegen, das Selbstvertrauen unserer Kinder durch Lob zu stärken, doch sollten wir es bewusster einsetzen, als wir es gemeinhin tun.

Denn ein Lob setzt beim Kind zwar kurzfristig Endorphine (Glückshormone) im Gehirn frei, doch langfristig kann es süchtig machen und dazu führen, dass ein Kind ständig wissen will, ob es etwas gut gemacht und die Eltern zufriedengestellt hat.

In der Konsequenz wird das Wohlbefinden des Kindes stets davon abhängen, wie es von anderen beurteilt wird, was schon hinsichtlich der Bewertungsmanie in den sozialen Medien höchst problematisch ist.

Man könnte auch sagen, dass Endorphine zwar für einen Moment »high« machen, der Seele aber nicht die Nahrung zuführen, die sie wirklich braucht, und keine existenzielle Qualität besitzen.

Stellen wir uns einen fünfjährigen Jungen vor, der mit seinem gleichaltrigen Freund zusammen Papierflieger faltet. Irgendwann stapft er wütend zu seiner Mutter und zeigt ihr mit Tränen in den Augen einen seiner Papierflieger, der krumm und schief aussieht und auch nicht fliegen kann.

Der erste Gedanke der Mutter ist, ihn für seinen Papierflieger zu loben, damit er wieder glücklich wird. Folgende Worte liegen ihr auf der Zunge: »Ach, der Flieger sieht doch gut aus! Ich wusste gar nicht, dass du so was kannst. Bravo! Für einen fünfjährigen Jungen ist das wirklich eine tolle Leistung.«

Doch dann besinnt sie sich eines Besseren. Würde sie ihn jetzt loben, würde sie ihren Sohn nicht so sehen, wie er in diesem Moment ist. Würde seine Trauer und seine Wut übergehen und rasch etwas Positives darüberstülpen.

Stattdessen zollt sie ihm Anerkennung für seinen eigenen Eindruck und die Gefühle, die damit verbunden sind: »Hm, ich sehe, dass er ein bisschen schief ist und dir beim Falten ein Fehler unterlaufen ist.«

Dieser Satz mag zunächst ein bisschen hart und wenig empathisch klingen, doch ihr Sohn fühlt sich dadurch gesehen und verstanden und würde dies, wäre er dazu in der Lage, etwa folgendermaßen formulieren: »Endlich ist da jemand, der auch sieht, dass mein Flieger nicht schön ist. Mein Eindruck war also richtig und meine Gefühle waren es auch.«

Danach ermutigt ihn die Mutter, es weiter zu versuchen, und fragt, ob sie ihn dabei unterstützen soll.

Vieles spricht dafür, dass die Mutter in dieser Situation einen guten Instinkt bewiesen hat. Zumal Kinder, die ständiges und übertriebenes Lob ihrer Eltern gewohnt sind, es als Kritik auffassen, wenn das Lob einmal ausbleibt.

Zu dem Wort »Bravo« gibt es noch eine schöne Familiengeschichte aus dem Hause Märki, die wir Ihnen an dieser Stelle nicht vorenthalten möchten:

Caroline erzählt:

Immer wenn ich an der Reihe war, meinen Mann und mich nach einem gemütlichen Abendessen bei Freunden nach Hause zu fahren, sagte mein Mann »Bravo!«, nachdem wir angekommen waren. Ich fand das jedes Mal ziemlich unpassend und erklärte ihm irgendwann, dass ich sein Bravo »deplatziert« fände. Ich würde ja schließlich keine Fahrprüfung ablegen.

Er hingegen verteidigte sich und wunderte sich darüber, dass ich sein Lob nicht annehmen könne.

Natürlich wusste ich, dass mein Mann eigentlich »Danke!« sagen wollte. »Danke, dass du uns beide sicher nach Hause gefahren hast.«

Doch sein »Bravo« war für mich weit entfernt von dieser aufrichtigen und wärmenden Anerkennung.

Inzwischen ist das Wort Bravo bei uns eine Art Running Gag, mit dem wir uns gegenseitig aufziehen.

Wenn wir uns an das Beispiel mit Moana zurückerinnern (im Kapitel »›Es muss doch Konsequenzen geben.‹ – Es gibt eine Alternative zu Sanktionen und Strafen.«), so hat sich ihre Lehrerin gleichwürdig und anerkennend verhalten. Zunächst hat sie Moana zu verstehen gegeben, dass sie ihre Not sieht und versteht, dass es für sie schwierig ist, rechtzeitig zum Unterricht zu erscheinen. Danach hat sie Interesse an Moana bekundet: »Wie ist es denn für dich, wenn du ins Klassenzimmer kommst und ich schon mit dem Unterricht angefangen habe?« Zum Abschluss hat sie ihr noch ein persönliches Feedback gegeben.

> In nahen Beziehungen gibt es eine Alternative zu Lob und Kritik. Sie ermöglicht dem Kind die Entwicklung eines gesunden Selbstwertgefühls. Diese Alternative heißt Anerkennung.

Anerkennung ist ein Zeichen von Gleichwürdigkeit, also eine Frage der Einstellung und keine Kommunikationstechnik. Sie beruht auf der Fähigkeit und dem Willen des Erwachsenen, offen und sensibel zu reagieren sowie die innere Wirklichkeit und das Selbstverständnis des Kindes zu berücksichtigen.

Es geht darum, dass der Wahrnehmung des Kindes der gleiche Stellenwert zugemessen wird wie der des Erwachsenen.

Denken wir uns ein Mädchen namens Mia, das seine Haare nicht kämmen will. Jeden Morgen kommt es deswegen zu langen Diskussionen.

Mias Eltern reden auf ihre Tochter ein, versuchen es mit sachlichen Argumenten und loben sie ausgiebig, wenn Mia die Bürste ein paarmal durch ihre blonden Locken zieht.

Mia ist ein verträumtes Kind, das am Morgen alles andere als ihre Frisur im Kopf hat. Außerdem findet sie das Bürsten absolut überflüssig, weil ihr die Haare sowieso vom Kopf abstehen. Ihre Eltern haben sie schon »Struwelliese« und »kleine Hexe« genannt, weil sie völlig verstrubbelt zum Frühstück kam.

Auch wenn es die Eltern nicht »böse« meinen, definieren und kritisieren sie ihre Tochter mit diesen Worten. Sie vermitteln ihr die Botschaft: »Wie du bist, bist du nicht in Ordnung.« Und sich nicht in Ordnung zu fühlen, ist Gift für das Selbstwertgefühl.

Sie hätten aber auch die Möglichkeit, die Einstellung ihres Kindes anzuerkennen. Dann sähe die Botschaft so aus: »Es ist okay, sich keine Gedanken über seine Haare zu machen und sich nicht kämmen zu wollen.«

Auf diese wertschätzende Anerkennung würde das persönliche Feedback folgen: »Ich als deine Mutter will aber, dass du das machst und dass du gekämmt aus dem Haus gehst.«

Manche Leserin wird vielleicht denken, dass die autoritäre Erziehung mit dieser Formulierung nur eine nette Verpackung bekommen hat. Doch es gibt einen ebenso haarfeinen wie bedeutenden Unterschied: Wenn ich meinem Kind Anerkennung zolle, nehme ich es so an, wie es ist, ohne ihm ein schlechtes Gewissen einzureden. Bei der autoritären Erziehung alter Schule wird das Kind in seinem Verhalten korrigiert und zurechtgewiesen, damit es lernt, zu gehorchen und sich zu benehmen.

Und je weniger ein Kind von oben herab gemaßregelt und korrigiert wird, desto leichter wird es ihm fallen, mit seinen Eltern zu kooperieren.

Schulnoten und Zeugnistag

Eine hervorragende Gelegenheit, um sich in Anerkennung zu üben, ist für alle Eltern der Zeugnistag ihrer Kinder. Statt noch »eins draufzusetzen« und die Kinder für ihre Noten zu benoten, können sie sich entspannt mit ihnen zusammensetzen und ganz unabhängig vom Schulerfolg das Interesse an ihrer Person bekunden. An ihren Gedanken und Gefühlen an diesem aufregenden Tag, der für das Gegenteil von Entspannung steht und so viele Familien unter enormen Stress setzt.

»Seid ihr zufrieden mit eurem Zeugnis?«, könnten sie fragen. »Findet ihr eure Noten gerecht? Wie ist es für euch, so bewertet zu werden?«

Diese Fragen ermöglichen es uns, in unsere Kinder hineinzuhorchen und zu ergründen, wie es ihnen geht. Ob sie traurig, enttäuscht, gleichmütig oder voller Freude sind. Auf diese Weise kommen wir auch etwaigen Problemen viel eher auf die Spur, als mit dem strengen Hinweis: »Das muss aber besser werden«, falls manche Noten zu wünschen übrig lassen.

Im Übrigen soll dies kein Plädoyer gegen Schulnoten oder Bewertungen im Allgemeinen sein, doch ist es gerade auf diesem sensiblen Feld entscheidend, dass und wie wir mit unseren Kindern darüber reden. Dass wir ihnen Aufmerksamkeit, Interesse und Gehör schenken.

Wenn ein Kind nicht gern zur Schule geht, kann man ihm Anerkennung dafür zollen, dass es dies trotzdem jeden Tag tut: »Danke, dass du das Schuljahr beendet hast. Wir wissen, dass es nicht einfach für dich war.«

Danke sagen kann man eigentlich fast immer, und während es nie genug Anerkennung geben kann, verunsichert ein Übermaß an Lob und macht süchtig. Hier eine Zusammenfassung:

Anerkennung ...

- ... bewertet und urteilt nicht,
- ... ist eine Form der Wertschätzung,
- ... basiert auf Respekt,
- ... vermittelt das Gefühl, »gesehen« zu werden.

Lob ...

- ... ist eine Art Belohnung,
- ... bewertet die Leistung oder das Verhalten des Kindes,
- ... kann süchtig machen.
- ... kann entmutigend wirken.
- Das Kind lernt, etwas zu tun, um anderen zu gefallen. Es zweifelt an sich, wenn es nicht gelobt wird.

Das aufgeblasene Ego

Im Grunde verhält es sich mit dem Lob genauso wie mit vielen anderen Dingen in der Erziehung: Es kommt weniger darauf an, *was* die Eltern tun, sondern *wie* sie es tun und von welcher Grundeinstellung ihr Verhalten geprägt ist. Wir loben unsere Kinder ja mit größter Selbstverständlichkeit, weil wir ihnen etwas Gutes tun wollen und uns an ihren strahlenden Augen erfreuen, wenn sie das Lob empfangen.

Gegen ein stützendes und ermutigendes Feedback ist auch nicht das Geringste einzuwenden. Problematisch wird es eher, wenn unser Lob einen formelhaften und stereotypen Charakter annimmt. Ein mantrahaft wiederholtes »Ich bin stolz auf dich!« hat weder etwas Persönliches noch Wärmendes und ist auch kein Ausdruck von Liebe. Denn Lob ist nicht Liebe.

»Ein monoton vorgetragenes Lob ist kein Ersatz für ein elterliches ›Ich liebe dich‹.«

Jesper Juul

Wärmend wird ein Lob dann, wenn wir ihm einen persönlichen Charakter verleihen. Dann verwandelt es sich in Anerkennung.

In dem Satz »Du hast dein Zimmer aber schön aufgeräumt« ist das Lob eine simple Feststellung. Wenn wir aber sagen: »Ich freue mich so darüber, dass du dein Zimmer aufgeräumt hast. Danke für deine Hilfe«, zollen wir unserem Kind persönliche und warmherzige Anerkennung.

Was geschieht, wenn Kinder zu viel und unverhältnismäßig gelobt werden, wird mit dem Begriff des »aufgeblasenen Egos« sehr bildhaft beschrieben. Diese Kinder sind süchtig nach dem Lob ihrer Eltern wie nach einer täglichen Zuckerdosis, und erleben oft einen harten Zusammenprall mit der Realität, wenn das Lob in anderen sozialen Zusammenhängen, beispielsweise in der Schule oder im Kreis von Gleichaltrigen, plötzlich ausbleibt.

Und ihre eigenen Eltern reagieren zehn oder 15 Jahre später womöglich äußerst irritiert oder verständnislos, wenn ihr

Kind all seine Energie darauf verwendet, um Lob und Zuspruch von außen zu erhalten. Sie vergessen dabei, dass sie selbst es waren, die diesen ewigen Drang nach Lob, Aufmerksamkeit und Komplimenten gezüchtet haben.

Es ist nicht verwunderlich, dass ein aufgeblasenes Ego wie ein riesiger Luftballon ist, der schnell zerplatzen kann.

Wer hingegen ein gesundes Selbstwertgefühl besitzt, hat in der Regel auch genügend Selbstvertrauen, ohne sich künstlich aufplustern zu müssen.

»Meine Kinder sollen ein Herz
und eine Seele sein.«

Über den unausweichlichen Streit von Geschwistern

In der Autobiografie des berühmten schwedischen Film- und Theaterregisseurs Ingmar Bergman findet sich eine Passage, die frühkindliche Geschwisterrivalität eindrucksvoll und mit fast biblischer Wucht beschreibt:

»Meine Schwester wird geboren, ich bin vier Jahre alt, und die Situation ändert sich radikal: Eine fette, missgestaltete Figur spielt plötzlich die Hauptrolle. Ich werde aus dem Bett der Mutter vertrieben, mein Vater strahlt, wenn er das brüllende Bündel ansieht. Der Dämon der Eifersucht hat mein Herz mit seinen Krallen gepackt ... Mein älterer Bruder und ich, normalerweise Todfeinde, schließen Frieden und brüten Methoden aus, das widerwärtige Wesen umzubringen.«

Manchem mag diese Schilderung ein wenig drastisch erscheinen, doch aus der Geschwisterforschung weiß man, dass heftige Emotionen gegenüber Brüdern und Schwestern – brennender Hass und tiefe Liebe – vollkommen normal sind.

Schon der Anfang jeder Geschwisterbeziehung (Zwillinge einmal ausgenommen) fängt ja mit einem unumgänglichen Konflikt an: Ein Kind ist zuerst da, muss plötzlich die Liebe und Aufmerksamkeit seiner Eltern teilen und fühlt sich zurückgesetzt. Seit Kain und Abel sind die Erstgeborenen verständlicherweise schlecht auf die Neuankömmlinge zu sprechen.

Sollen Eltern eingreifen?

Doch selbst wenn Eltern theoretisch der Überzeugung sind, dass Streit und Konflikte in der Geschwisterbeziehung dazugehören, geraten sie in der Praxis oftmals an ihre Grenzen, wenn ihre Kleinen sich wieder einmal streiten wie die sprichwörtlichen Kesselflicker. Allein die Lärmbelastung solcher Auseinandersetzungen kann erheblich sein; außerdem fragen sich viele Eltern, ob sie in Konflikte zwischen ihren Kindern eingreifen sollen, und wenn ja, wie sie das tun sollen.

Die Beantwortung dieser Fragen hängt von mehreren Faktoren ab: vom Alter der Kinder und der Art des Konflikts und nicht zuletzt davon, was die Erwachsenen mit ihrem Eingreifen bezwecken. Ob sie einfach wollen, dass der Streit aufhört, oder ob sie ihren Kindern auch beibringen wollen, wie man konstruktiv mit Konflikten umgeht, ohne sich an den Haaren zu ziehen oder die Nasen umzudrehen.

Um ihren grundsätzlichen Standpunkt zu klären, können sich Eltern folgende Fragen stellen:

- Warum halte ich es so schlecht aus, wenn meine Kinder sich streiten?
- Was befürchte ich, wenn ich mich nicht einmische?
- In welchen Situationen fällt es mir schwer oder leicht, mich rauszuhalten?
- Wie stelle ich mir im Allgemeinen das Familienleben vor? Woher kommt diese Vorstellung?
- Wie habe ich meine eigenen Geschwister als Kind erlebt und welche Beziehungen sind daraus entstanden?
- Wann haben sich meine Eltern eingemischt und wie fand ich das?

Wenn ich mir als Vater oder Mutter Rechenschaft darüber ablege, warum ich eingreife oder nicht, kann ich für mein Verhalten persönliche Verantwortung übernehmen. Dann geht es primär um die Wahrung meiner eigenen Grenzen.

Je nach individueller Prägung reagieren wir ganz unterschiedlich auf die Streitigkeiten unserer Kinder. Manche von uns sind in Familien aufgewachsen, in denen alle Konflikte unter den Teppich gekehrt wurden. Andere haben ihre Ursprungsfamilien als einen Ort erlebt, an dem temperamentvolle und lautstarke Auseinandersetzungen an der Tagesordnung waren. Manche waren gut darin, sich zu behaupten. Andere kamen meistens unter die Räder.

All das beeinflusst, ob wir den Streit unserer Kinder prinzipiell willkommen heißen oder ablehnen, ob wir angespannt oder lässig damit umgehen, ob er uns unglücklich macht oder bloß auf die Nerven geht.

Wenden wir uns zunächst einem realen Beispiel aus Carolines Beratungspraxis zu, das zeigt, wie schwierig der Alltag mit kleinen Geschwisterkindern sein kann:

Eine Mutter schreibt:

Klara ist 22 Monate und Theresa neun Monate alt. Ich habe mir mein ganzes Leben lang gewünscht, Mutter zu werden, und bin nun sehr glücklich, zu Hause bei meinen Kindern zu sein.

Als Theresa zur Welt kam, war Klara noch sehr klein und hat meine intensive Zuwendung gebraucht. Da ich selbst kaum weg bin und wenig Zeit für mich beanspruche, habe ich ihr wohl meistens gerecht werden können. Nun hat sie damit begonnen, Theresa zu schlagen und ihr wehzutun. Manchmal bewusst, manchmal nicht.

Von Anfang an war sie Theresa gegenüber sehr aufmerksam und liebevoll. Klara ruft mich, wenn ihre kleine Schwester weint, und will, dass sie überallhin mitkommt. Sie gibt ihr Essen und Trinken und manchmal auch Spielzeug.

Häufig will sie aber auch nicht mit Theresa teilen und beansprucht alles, was Theresa in den Händen hält. Hin und wieder schlägt sie ihr absichtlich auf die Hände oder auf den Kopf. Mir ist bewusst, dass manche Situationen einfach unglücklich verlaufen, wenn Klara beispielsweise pflichtbewusst eine Schublade schließen will und Theresa ihre Hände dazwischen hat.

Wenn dies aber bewusst geschieht, werde ich sehr wütend und manchmal auch laut. Theresa steckt sehr viel weg und erholt sich schnell wieder. Mich aber stressen solche Situationen zunehmend. Können Sie mir einen Rat oder eine Erklärung geben?

Caroline antwortet:

Was Sie da gerade mit Ihren zwei Töchtern erleben, kommt mir sehr bekannt vor. Ich bin selbst Mutter von drei Kindern. Bei meinen Töchtern beträgt der Altersabstand nur 18 Monate.

Kurz nachdem unsere zweite Tochter zur Welt gekommen war, gab es nicht wenige Tage, an denen ich meine Ältere schon um 8 Uhr morgens auf den Mond hätte schießen können! Ich kannte diese intensiven Gefühle nicht und sie machten mir Angst. Ich begann, Bücher über Erziehung zu lesen, und versuchte es im Laufe der Zeit mit verschiedenen Erziehungsmethoden. Erst unser Sohn (das jüngste meiner Kinder) zeigte mir, dass es so nicht geht. So kam ich zur Besinnung und begriff, dass ich an mir selbst etwas ändern musste.

Ich bewundere Ihre natürliche Art, sich Rat und Hilfe zu holen. Menschen wie Sie haben in meinen Augen den größten Respekt verdient. Mutter zu sein, ist nicht einfach. Diese bis dahin unbekannten Gefühle kann niemand nachempfinden, der nicht selbst Kinder hat.

Eltern geraten immer wieder in Situationen, die sie unsicher und ratlos machen und für die sie nun eine Lösung finden müssen. Das geht nur, indem wir immer wieder ausprobieren, beobachten, überdenken, korrigieren, verwerfen und gegebenenfalls einen anderen Weg beschreiten, bis es sich für uns gut und richtig anfühlt.

Ich glaube, Ihre Tochter Klara möchte nur »richtig« gesehen werden – vor allem wenn sie wütend ist und ihre kleine Schwester gerade nicht liebt. Damit Klara nach und nach versteht: Ah, so fühlt es sich an, wenn man wütend oder traurig ist! Ich finde, man sollte Gefühlsregungen nicht in »positive« oder »negative« Gefühle unterteilen. Alle Gefühle gehören zum Leben. Sie sind da und man sollte sie nicht unterdrücken.

Wenn Klara auf Theresa wütend ist oder sie ihr auf die Nerven geht, dann könnten Sie zu ihr sagen: »Uff, nun bist du aber ganz schön wütend auf Theresa. Nervt sie dich gerade?« Damit geben Sie ihr zu verstehen, dass ihre Emotionen in Ordnung und »erlaubt« sind. Klara muss all diese Gefühle erst einmal spüren und lernen, dass sie zum Leben dazugehören. Wenn Sie als Mutter für Klaras Gedanken und Gefühle Worte finden und ihr zudem vermitteln, dass es völlig in Ordnung ist, wenn man hin und wieder so denkt und fühlt, dann wird ihr Selbstwertgefühl enorm wachsen.

Gleichzeitig können Sie ihr zu verstehen geben, dass ihr Verhalten nicht in Ordnung ist. Etwa mit den Worten: »Es ist okay, dass du dich ab und zu über Theresa ärgerst, und natürlich geht sie dir manchmal auf die Nerven, das verstehe ich gut. Ich bin auch manchmal von anderen Leuten genervt, aber ich will nicht, dass du sie schlägst.«

Wenn Sie sich so persönlich äußern, wird es Klara leichter fallen, mit Ihnen zu kooperieren, weil sie sich nicht schuldig fühlen muss.

Im Kapitel über die Notwendigkeit von Aggression und Konflikten in der Familie ist ja bereits ausführlich beschrieben worden, dass Wut nicht per se besser oder schlechter ist als andere Empfindungen wie Liebe, Freude, Schmerz und Angst, sondern ein normaler Bestandteil unserer reichen Gefühlspalette.

> Unabhängig vom Alter unserer Kinder sollten wir ihren Streit in erster Linie als Zeichen für ihre normale und gesunde Entwicklung betrachten.

Und im Übrigen auch als Kompliment an uns, ihre Eltern, weil sie uns dadurch mitteilen: Hier dürfen wir uns streiten, ohne dass uns etwas passiert. Wir fühlen uns wohl zu Hause.

Wohlgemerkt »in erster Linie«, weil beim Streit unter Geschwistern auch stellvertretend jene Partnerschaftskonflikte der Eltern ausgetragen werden, die diese lieber unter der Decke halten – sich nicht wertvoll fühlen, nicht Nein sagen können, zu viel Verantwortung tragen etc. Die Kinder erledigen damit in gewissem Sinne die »Drecksarbeit« für uns, indem sie die unterdrückten Gefühle aufs Tapet und das ans Tageslicht bringen, was wir verbergen wollten.

Der Familie den Puls fühlen

Doch wie sollen wir uns als Eltern verhalten, wenn wir das Gefühl haben, dass Konflikte und heftige Auseinandersetzungen zum Dauerzustand werden? Wenn der kleinste Zwischenfall Anlass zu neuem Streit gibt? Wenn der geringste Funke genügt, um eine Explosion zu erzeugen?

Sollte dies der Fall sein, ist es eine gute Idee, die Familie zusammenzurufen und ihr gewissermaßen »den Puls zu fühlen«, sofern man selbst dazu imstande ist. Natürlich kann man sich auch Rat und Hilfe von außen holen, wie es die Mutter von Klara und Theresa getan hat.

Die Eltern können gemeinsam mit ihren Kindern zu ergründen versuchen, was es ist, das derzeit vor sich hin schwelt und den Alltag der gesamten Familie belastet. Dabei sollte erst einmal die Frage im Vordergrund stehen, wie es dem Einzelnen gerade in der Familie geht und was ihn oder sie beschäftigt. Die vorschnelle Suche nach den äußeren Gründen führt dazu, dass alle in Gedanken mehr bei den anderen als bei sich selbst sind. Äußere Gründe können beispielsweise Schulschwierigkeiten oder die Stellung eines Kindes im Freundeskreis sein.

Sollte es sich jedoch um einen innerfamiliären Konflikt handeln, gibt es drei »Orte«, an denen man suchen kann: Zwischen den Eltern und den Kindern, zwischen den Erwachsenen untereinander und zwischen den Kindern. Doch die Erfahrung lehrt, dass die Ursache für ein anhaltend hohes Konfliktniveau selten bei den Kindern zu finden ist.

Wie entstehen Konflikte?

Ein Konflikt entsteht im Allgemeinen dann, wenn zwei Menschen gegensätzliche oder bloß unterschiedliche Bedürfnisse oder Gelüste haben. Und da wir nun mal alle verschieden sind, erleben wir an jedem einzelnen Tag kleinere und größere Konflikte. Hinzu kommt, dass wir auch im Konflikt mit uns selbst stehen können, wenn wir zweifeln, unschlüssig oder hin und her gerissen sind: Ein Teil von uns will das eine, der andere etwas anderes.

Kinder können von ihren Eltern lernen, wie man sich in Konfliktsituationen verhält. Sie beobachten genau, wie die Eltern in so einem Fall miteinander umgehen oder wie sie sich in einem Konflikt zwischen Eltern und Kindern verhalten.

Sobald unsere Kinder fünf, sechs Jahre alt sind, ahmen sie unser Verhalten in vielem nach, und da niemand von uns perfekt ist, sind sie es auch nicht.

Liebe und Hiebe

Um auf die Frage zurückzukommen, ob wir in Streitigkeiten unserer Kinder eingreifen oder nicht, sollten wir uns vor Augen führen, dass eine Geschwisterbeziehung einzigartige Entwicklungsmöglichkeiten bietet. Um mit ihren Geschwistern klarzukommen, brauchen Kinder größere soziale und emotionale Kompetenzen als im Umgang mit ihren Eltern.

Mütter und Väter geben oft nach, beschwichtigen und wollen die Wogen glätten, während Geschwister ebenso hartnäckige wie gleichberechtigte Streitpartner sind – zumindest, wenn der Altersabstand nicht zu groß ist. Sie tragen ihre Konflikte mit größter Konsequenz und Beharrlichkeit – man könnte auch sagen: ehrlicher und wahrhaftiger – aus als die Erwachsenen. Der beliebte Elternsatz »Der Klügere gibt nach« trägt dieser Wahrhaftigkeit in keiner Weise Rechnung.

Die Heftigkeit der Auseinandersetzung sollte auch nicht über die Tatsache hinwegtäuschen, dass die meisten Kinder sehr wohl in der Lage sind, ihre Konflikte selbstständig zu bewältigen. Vermittlung oder Schlichtung durch die Erwachsenen sind in der Regel nicht nötig.

Doch viele Eltern fühlen sich unwohl, wenn nicht gar als schlechte Erzieher, wenn ihre Kinder sich streiten. Sie sind darauf bedacht, Konflikte zwischen den Kindern zu entschärfen oder im Keim zu ersticken. Schon in manchen Kindergärten werden Regeln aufgestellt, die unseren Kindern mehr oder weniger verbieten, sich zu streiten.

Auf diese Weise verwehren wir ihnen nicht nur wichtige Erfahrungen im Umgang mit Konflikten, sondern erschweren ihnen auch den emotionalen Kontakt zu sich selbst.

> Für Kinder ist es eine existenzielle Notwendigkeit, sich zu streiten und ihre Gefühle zu zeigen.

Im Laufe der Zeit machen viele Eltern zudem die Erfahrung, dass lautstarke und heftige Auseinandersetzungen für die Kinder oft gar nicht so schlimm sind, wie es den Anschein hat. »Liebe« scheint sich nicht zufällig auf »Hiebe« zu reimen, und wenn Kinder sich streiten, sind es oft »Liebesbisse«, die sie sich zufügen.

Greifen die Erwachsenen zu oft ein, ist dies wie eine Misstrauenserklärung an ihre Kinder, weil die versteckte Botschaft lautet: »Wir trauen euch nicht zu, dass ihr euren Streit selbst schlichtet.« Außerdem vermitteln sie den Kindern dadurch, dass sie als Eltern letztlich die Verantwortung für den Konflikt und seine Lösung tragen.

Doch es liegt nicht in der Verantwortung der Eltern, wie die Kinder ihren Streit beilegen.

Vermitteln, nicht urteilen

Es spricht also manches dafür, sich aus dem Streit seiner Kinder herauszuhalten. Wenn Eltern den Lärm schlicht nicht ertragen, sollten sie ihre persönliche Grenze klar aussprechen: »Ich will das so nicht! Mir ist es zu laut! Ich brauche eine Pause!«

Falls die Eltern sich doch dazu entschließen, in einen Konflikt ihrer Kinder einzugreifen, sollten sie persönlich und wohlüberlegt vorgehen, ohne jemanden zu kritisieren oder Partei zu ergreifen.

Dass wir einschreiten müssen, wenn unmittelbar Gefahr im Verzug und die Gesundheit eines Kindes bedroht ist, versteht sich von selbst und braucht hier nicht näher behandelt zu werden. Auch wenn ein Kind über einen längeren Zeitraum hinweg systematisch ausgegrenzt wird, ist das Grund genug, um aktiv zu werden.

Ansonsten sollte man sich als Vater oder Mutter erst einmal überlegen, warum man überhaupt eingreifen will (siehe Fragenkatalog zu Beginn des Kapitels). Wenn es damit zu tun hat, dass Ihnen Streit im Allgemeinen zuwider ist und Sie einen Mangel an Konflikten womöglich mit Glück oder Harmonie verwechseln, sollten Sie kurz innehalten und Ihren ersten Impuls überdenken.

Falls Sie aber den Eindruck haben, dass Ihre Kinder sich allzu destruktiv und verbissen streiten, ist es ratsam, mit Entschiedenheit einzuschreiten und sich erst einmal Gehör zu verschaffen – gerne mit einem lauten »Stopp!« oder »Aufhören!«.

Auch in dieser Situation ist es eine gute Idee, sich so persönlich und authentisch wie möglich zu äußern. Eine weniger gute Idee wäre es, das Einschreiten mit versteckten Vorwürfen oder Verallgemeinerungen zu verbinden, was sich folgendermaßen anhören könnte: »Wollt ihr nicht bald mal aufhören? Das hält ja echt kein Mensch aus!« Oder: »Ich verstehe einfach nicht, was mit euch los ist. Andere Kinder streiten doch auch nicht ständig.«

Eltern können ihren Kindern behilflich sein, die richtigen Worte zu finden, die ihrer handfesten Auseinandersetzung, ihren Flüchen und Beschimpfungen zugrunde liegen. Vermutlich werden die Kinder in der Hitze des Gefechts nicht gleich in der Lage sein, sich nuanciert auszudrücken oder sich sachlichen Argumenten zu öffnen, doch damit unterscheiden sie sich kaum von Erwachsenen, wenn sie sich in ähnlichen Situationen befinden.

Es geht um das gemeinsame Training, von sich selbst zu sprechen; von den eigenen Wahrnehmungen und Empfindungen, die den Konflikt begleiten, und darum, einander aufmerksam zuzuhören. Eltern können dieses Training am besten leiten und begleiten, wenn sie sich selbst persönlich äußern, statt sich in der Rolle von Richtern zu sehen, die ein Urteil fällen.

Auch für Geschwisterstreitigkeiten gilt, dass unsere Kinder der Spiegel sind, in dem wir uns selbst und unser eigenes Verhalten am deutlichsten erkennen. Wenn wir den Mut aufbringen, genau hinzusehen und die richtigen Schlüsse daraus zu ziehen, sollten wir ihnen dafür dankbar sein.

»Konflikte zwischen Kindern und Eltern sind keine Anzeichen dafür, dass die Eltern ihrer Aufgabe nicht gewachsen sind, sondern dienen dazu, dass beide Seiten etwas lernen.«

Jesper Juul

»Was habe ich für ein Glück,
dass mein Kind so unkompliziert ist.«

Über den Preis der Kooperation

Kinder können ihre Eltern auf vielfältige Weise in Staunen versetzen, nicht zuletzt durch die Tatsache, wie verschieden sie sind. Vom ersten Lebenstag an zeigen sie ihre Individualität und Einzigartigkeit, was Hunger und Durst, Schlafbedürfnis und allgemeines Wohlbefinden angeht. Es ist immer wieder faszinierend, wie unterschiedlich sich unsere heranwachsenden Kinder entwickeln, auch wenn sie dieselben biologischen Eltern haben, in derselben Familie aufwachsen und dieselbe Erziehung »genießen«, wie es so schön heißt.

Die Erklärung hierfür haben wir schnell zur Hand: die Gene. Jedes Kind ist schließlich eine genetische Kombination aus dem Erbgut seiner biologischen Eltern. Kinder erben je 50 Prozent ihrer Gene von ihren Erzeugern, doch die DNA-Mischung, die in diesen Genen steckt, ist einmalig. Genetisch nahezu identisch sind nur eineiige Zwillinge.

Kooperation ist mehr als Gehorsam

Die Frage, welchen Anteil Erbanlagen und Lebensumstände jeweils an der Ausprägung unserer individuellen Persönlichkeit haben, ist längst noch nicht ausdiskutiert. Was jedoch außer Frage steht, ist das Bedürfnis jedes Menschen, von Anfang an mit seinen Eltern zu kooperieren.

Mit »Kooperation« ist in dieser Hinsicht weder Gehorsam noch eine bewusste Zusammenarbeit gemeint, sondern eine unbewusste Anpassung an die Gegebenheiten unserer Familie. Diese Anpassungsleistung, die wir von frühster Kindheit an vollbringen, beeinflusst unser Verhalten ein Leben lang.

Jesper Juul hat detailliert beschrieben, wie diese Anpassungsleistung vor sich geht: dass Kinder – ob sie wollen oder nicht – »kopieren und kooperieren«. Dass sie quasi dazu verurteilt sind, uns nachzuahmen, um ihren Eltern zu gefallen, sich ihrer Liebe zu versichern und in ihrer Familie einen Platz zu finden.

Dass Eltern mitunter den Eindruck haben, dass ihre Kinder alles andere als kooperativ sind, bleibt davon unberührt. Denn zum einen nehmen wir die Kooperation unserer Kinder nicht wahr, weil wir sie für selbstverständlich halten, und bemerken sie erst, wenn das Zusammenspiel gestört ist. Und zum anderen ahmen unsere Kinder nicht nur unser äußeres Verhalten nach, sondern erspüren auch unseren inneren Zustand und spiegeln ihn wider.

Dieser empathische Vorgang ist durch die Entdeckung der sogenannten Spiegelneuronen im Jahr 1992 wissenschaftlich unterfüttert worden. Diese speziellen Nervenzellen im Gehirn sorgen dafür, dass wir nicht nur das äußere Verhalten, sondern auch die Gefühle und die Stimmungslage eines anderen Menschen wahrnehmen und intuitiv nachahmen – ein Vorgang, der unter anderem erklärt, warum Gähnen so »ansteckend« ist und wir uns dabei tatsächlich müde fühlen.

Ein klassisches Beispiel aus dem Familienleben: Ein Vater liefert seine Tochter in der Kita ab, ohne dass die Kleine den geringsten Widerwillen zu erkennen gibt. Wenn aber die Mutter das Gleiche tut, gibt es jedes Mal Tränen und Geschrei (was natürlich auch umgekehrt möglich ist: Einverständnis bei der Mutter, Tränen beim Vater).

Eine mögliche Erklärung liegt darin, dass es der Mutter aus verständlichen Gründen schwerer fällt, ihr Kind abzugeben, als dem Vater. Dass ihre Tochter instinktiv spürt, dass die Mama ein schlechtes Gewissen hat, hin und her gerissen ist oder besonders unter Zeitdruck steht. Weder macht die Mutter etwas falsch, noch sollte sie das Verhalten ihrer Tochter als Trotz oder fehlenden Kooperationswillen missdeuten, denn das Gegenteil ist der Fall: Ihre Tochter kooperiert allzu gut, beziehungsweise sie spiegelt ihre innere Zerrissenheit.

Die Grenzen der Kooperationsfähigkeit

Die klassische Art der Kooperation, die Zusammenarbeit meint, verlangt gerade von unseren Kindern viel Anpassung und Unterordnung, vor allem in der Schule. Dass ihre Kooperationsfähigkeit natürliche Grenzen hat, beschreibt Caroline in diesem Beispiel:

»Wenn meine Kinder aus der Schule kamen, sah das meist folgendermaßen aus: Kaum waren sie zur Haustür hereingekommen, warfen sie ihre Schulranzen in eine Ecke und ihre Schuhe in die andere. Dann ließen sie sich auf die Stühle am Esstisch fallen, ohne sich vorher die Hände zu waschen.

Natürlich hätte ich darauf bestehen können, dass die Kinder im Hauseingang Ordnung halten und sich vor dem Essen die Hände waschen, was mir beides wichtig ist. Doch ich dachte daran, dass sie sich ja schon in der Schule die ganze Zeit anpassen und kooperieren müssen. Dass sie keinerlei Einfluss auf den Stundenplan, auf die einzelnen Fächer und die Art des Unterrichts haben – und dass sie dies alles klaglos mitmachen, Tag für Tag.

Ich hatte das Gefühl, dass das Quantum an Kooperation, das sie zu leisten imstande sind, in diesem Moment ausgeschöpft war. Also habe ich ein Auge zugedrückt und meinen Kindern den nötigen Raum gegeben, damit sie sich regenerieren und wieder zu sich selbst finden können.

Ich möchte mit diesem Beispiel nichts verallgemeinern und keineswegs dazu aufrufen, die Kinder nach Unterrichtsschluss in Watte zu packen und sämtliche Erziehungsbemühungen einzustellen. Es war mein persönlicher Versuch, sie ein wenig durchatmen zu lassen – nicht mehr und nicht weniger.«

Der Konflikt zwischen Kooperation und Integrität

Im ersten Kapitel dieses Buches, in dem es vor allem um soziale und persönliche Verantwortung geht, ist bereits angeklungen, dass wir uns in einem lebenslangen Konflikt zwischen den Interessen des Einzelnen und denen der Gemeinschaft befinden. Dass wir das Verhältnis zwischen sozialer Anpassung und der Wahrung unserer individuellen Bedürfnisse und Grenzen stets aufs Neue ins Gleichgewicht bringen müssen.

Ein anschauliches Beispiel hierfür bietet der Entschluss der beiden Mädchen, ihrem Großvater zuliebe die altmodischen Rüschenkleider ihrer Tante zu tragen. (s. Kapitel »›Bei und dürfen alle mitbestimmen.‹ Eine Familie ist keine Minidemokratie«) Nachdem sie ihrer Mutter aufmerksam zugehört und sich in die Lage aller Beteiligten hineinversetzt haben, beschließen sie aus freien Stücken, dass sie ihrem Großvater diesen Gefallen tun können, ohne damit ihre Integrität zu opfern.

Möglich wird ihnen das, weil sie in ihren Wünschen und Bedürfnissen wahrgenommen und »gesehen« werden. Weil sie sich ernst genommen fühlen, ist es ihnen nicht mehr so wichtig, recht zu bekommen, sondern können mit ihrer Mutter, mit deren Gefühlen und Befürchtungen, kooperieren.

Von Kindern wissen wir, dass sie sich im Konflikt zwischen Integrität und Kooperation in der Regel für die Kooperation entscheiden. Wenn ein Kind die Kooperation einstellt, sich nicht mehr anpasst oder mitmachen kann, spricht vieles dafür, dass es in letzter Zeit zu viel kooperiert hat.

»Kinder wollen dazugehören und können es nicht aushalten, dass sie nicht in den Arm genommen werden von den Eltern; sie können es nicht aushalten, dass sie ausgeschlossen werden. Deshalb sind sie bereit, sich so zu verhalten, wie die Eltern das erwarten. Häufig muss die Mama gar nicht sagen, was sie erwartet. Die Kinder können das schon erahnen.«

Gerald Hüther

Wir wahren unsere Integrität, wenn es uns gelingt, unseren Grenzen und Bedürfnissen im Zusammenspiel mit anderen Geltung zu verschaffen. Die kindliche Integrität ist auf die Wertschätzung und den Schutz der Erwachsenen angewiesen. Überschreiten wir die persönlichen Grenzen eines Kindes, fügen wir ihm einen existenziellen Schmerz zu, wie folgendes Beispiel aus Carolines Beratungspraxis deutlich macht.

Eine Mutter schreibt:

Mein fünfjähriger Sohn brauchte aufgrund einer fortgeschrittenen Entzündung der Atemwege ein Antibiotikum. Nun wollte ich, dass die Kinderärztin auch Melanie (zweieinhalb Jahre) untersucht, da auch sie seit zwei Wochen hustet und dicke Mandeln hat. Mein Sohn hat die Behandlung locker mitgemacht, doch Melanie hat sich so gesträubt, dass ich schließlich ihre Arme und Beine festgehalten habe, sodass sie sich nicht mehr wehren konnte. Als ich sie wieder losließ, hat sie geschrien und getobt, hat mich gebissen und getreten und war völlig außer sich.

Ich konnte das so gut verstehen und war froh über ihre gesunde Reaktion. Auch habe ich ihr die Möglichkeit gegeben, ihre Wut weiter rauszulassen, während mich die Kinderärztin mitleidig fragte, ob Melanie immer so krasse Trotzanfälle habe.

Trotzanfälle! Ich bin immer noch ziemlich sprachlos über diese Definition. Melanie hat sonst so gut wie nie Wutanfälle – es sei denn, man verletzt ihre Integrität, wenn man ihr etwas aus der Hand reißt oder so.

Wie gut, dass die Mutter in der Lage war, die Wut ihrer Tochter als natürliche und allzu verständliche Reaktion anzuerkennen und ihr dies gegenüber auch deutlich zu machen – was Eltern gemeinhin umso schwerer fällt, wenn sie selbst es waren, die eine persönliche Grenze ihres Kindes überschritten haben.

Dass die Kinderärztin Melanies Verhalten als »Trotzanfall« missdeutet, zeigt, dass die überkommene Gehorsamskultur noch längst nicht überwunden ist, beziehungsweise dass ihre Denk- und Handlungsmuster immer noch lebendig sind. Die Logik des Gehorsams sagt nicht: »Ich sehe dich in deiner Not, das muss wirklich schwer sein für dich«, sondern: »Du musst dich anpassen und Folge leisten!«

Das Familiensystem

Kinder kooperieren nicht nur mit ihren Eltern, sondern auch mit dem Familiensystem als Ganzem. In einer Familie leben alle Mitglieder im Spannungsfeld von Nähe und Abgrenzung, Autonomie und Verbundenheit. Jedes Kind kommt zu einem anderen Zeitpunkt in die Familie als seine Geschwister, muss sich also auf unterschiedliche Gegebenheiten einstellen, um dort seinen Platz zu finden.

Zunächst wird es alles dafür tun, um sich die Liebe und Zuwendung seiner Eltern zu sichern. Vom ersten Tag an wird es all seine Möglichkeiten zu diesem Zweck einsetzen – wie eine kleine Pflanze, die sich zur Sonne dreht, um zu überleben.

Doch die Art der Kooperation kann sich grundsätzlich voneinander unterscheiden. Manche Kinder beanspruchen von sich aus viel Zuwendung und Aufmerksamkeit und suchen die Reibung mit ihren Eltern, während andere ihre eigenen Bedürfnisse zurücknehmen, um sich still und freundlich in den Familienverband einzugliedern.

Wir wollen diesen freundlichen, angepassten und harmoniebedürftigen Kindern, die so oft übersehen werden, in diesem Kapitel besondere Aufmerksamkeit schenken.

Angepasste Kinder erfreuen sich innerhalb und außerhalb der Familie ja meist großer Beliebtheit. Sie gelten gemeinhin als »gut erzogen«, »unkompliziert«, »einfach«, »natürlich«, »gesund« oder »unbeschwert«. Man bescheinigt ihnen einen »guten Charakter« und lobt die Eltern für ihren Erziehungserfolg. Fest steht indes nur, dass sie sehr »bequem« für ihre Eltern sind, weil sie diese entlasten und von sich aus wenig Aufmerksamkeit beanspruchen.

Caroline wurde erst durch ein langes Gespräch mit ihrer Tochter A. bewusst, wie sehr sich diese stets zurückgenommen und angepasst hat und welchen Preis sie dafür zahlen musste.

Caroline erzählt:

»Die Schwester von A. ist unzufrieden und zeigt mir gegenüber ihre Wut. Ich habe alle Hände voll damit zu tun, mich N. zu widmen und zu schauen, dass sie sich beruhigt und entspannen kann. Schließlich tröste ich sie und für N. ist die Welt wieder in Ordnung.

A. steht daneben und nimmt sich zurück, weil sie empathisch ist und sieht, dass N. meine Hilfe braucht. Sie sieht auch, dass ich selbst hilflos bin und alles dafür tue, um die Situation einigermaßen in den Griff zu kriegen.

Nachdem sich N. in meiner Umarmung beruhigt hat, ist es für eine Stunde harmonisch in unserer Familie. Bis dann gegen Abend M., der kleine Bruder von A., müde wird und getragen und getröstet werden muss. Wieder erkennt A. die Notwendigkeit, dass ich mich jetzt um ihren Bruder kümmere, weil er sichtlich müde und noch so klein ist, dass er meine Hilfe braucht.

Erneut nimmt sich A. mit ihren Bedürfnissen und ihren Gefühlen zurück. Genau aus diesen Gründen ist sie ein sehr angenehmes Kind. Sie sieht ein, dass ich gerade keine Zeit für sie habe, weil es N. oder M. nicht gut geht und sie meine Unterstützung brauchen.«

Unsichtbare Kinder

Diese Kinder, die so empathisch sind und ihre eigenen Bedürfnisse so weit hintanstellen, dass sie fast unsichtbar werden, brauchen keine Sonderstellung in der Familie. Was sie jedoch unbedingt brauchen, sind Eltern, die ihren stillen Einsatz und ihre Harmoniebedürftigkeit anerkennen. Die sehen und wertschätzen, was für eine Leistung sie erbringen.

Mit seinen Gedanken und Gefühlen allein zu sein, ist sehr belastend für ein Kind. Deshalb könnte eine Mutter oder ein Vater ihm gegenüber etwa folgende Worte finden: »Ich konnte sehen, wie du dich heute zurückgenommen hast, weil deine Geschwister mich brauchten. Hab ich das richtig beobachtet? Danke, dass du das möglich gemacht hast. Ich war am Anschlag und hatte keine Energie mehr. Und es tut mir so leid, dass für dich gar keine Zeit mehr übrig blieb.«

Durch das Abgleichen der eigenen Beobachtung mit der des Kindes bekommen die Eltern ein besseres Gefühl dafür, ob ihr Kind sich tatsächlich zurückgenommen hat. Die meisten Eltern wollen ihren Kindern stets gleich viel Aufmerksamkeit zukommen lassen, doch manchmal ist das gar nicht nötig.

Es geht auch nicht darum, das Kind für sein Verhalten zu loben oder sein eigenes schlechtes Gewissen zu beruhigen. Vielmehr geht es darum, ihm ein aufrichtiges Interesse entgegenzubringen, das die Botschaft enthält: »Ich möchte mal nur mit dir allein sein und dich besser kennenlernen.«

Freilich verleugnet nicht jedes harmonische und angepasste Kind fortwährend seine Bedürfnisse und leidet darunter. Ein zufriedenes und ausgleichendes Naturell kann ihm durchaus in die Wiege gelegt sein.

> Problematisch wird es dann, wenn ein Kind verinnerlicht, dass es nur dann geliebt wird, wenn es lieb, freundlich und hilfsbereit ist. Wenn es diese Erfahrung selbst positiv bewertet, weil es ihm ja geholfen hat, mit seinen Eltern in Beziehung zu kommen, und diese Form der Überkooperation schließlich als eigenen Wesenszug betrachtet.

»So bin ich halt«, wird das angepasste Kind irgendwann denken, immer fröhlich und ausgeglichen. Dabei handelt es sich nicht um sein authentisches Ich, sondern es ist das Produkt seiner Anpassungsleistung.

> *»Wir sind so abhängig von Gemeinschaft und Zusammengehörigkeit und so angezogen von diesen, dass uns selten bewusst ist, dass das Teilhaben an der Gemeinschaft regelmäßig auf Kosten der anderen Seite des Dilemmas – nämlich der Entfaltung der Eigenart oder Integrität – passiert.«*
>
> *Ruth Hansen und Peter Mortensen*

Im Erwachsenenalter ist es sehr schwer, dieses Muster von Überverantwortung und Kooperation wieder abzulegen und die eigene Integrität neu zu entdecken. Sich zu fragen: Wer bin ich wirklich? Was macht mich aus? Wo sind meine Grenzen?

Es kann ein langwieriger und mühsamer Prozess sein, ein neues und gesünderes Gleichgewicht zwischen Integrität und Kooperation herzustellen – gewissermaßen sein authentisches Ich wiederzufinden. Und es ist bestimmt keine schlechte Idee, sich bei diesem Prozess fachkundig begleiten zu lassen.

Angepasst oder ausgeglichen?

Aber woher soll ich denn wissen, werden sich manche Eltern jetzt fragen, ob mein Kind sich zu sehr anpasst oder einfach ein ausgleichendes Naturell besitzt? Die Frage ist tatsächlich nicht leicht zu beantworten, gerade weil die ruhigen und angepassten Kinder so unauffällig sind. Das Zusammenleben mit ihnen ist ja so einfach – deshalb kommen wir in der Regel gar nicht auf den Gedanken, dass ihr Verhalten problematisch sein könnte.

Einmal mehr können wir uns als Eltern nicht »perfekt« verhalten, doch wenn wir uns dieses existenziellen Konflikts bewusst sind, ist schon viel gewonnen.

Auch Caroline wurde erst durch ihre inzwischen erwachsene Tochter A. auf vieles aufmerksam gemacht, was ihr als junge Mutter entgangen war. Darauf, dass ihre Älteste zu diesen harmoniebedürftigen und anpassungsfreudigen Kindern gehörte, die uns das Leben so leicht machen und die gerade deshalb so leicht übersehen werden.

Doch es ist nie zu spät, um miteinander den Dialog zu suchen. Um sich zu zeigen und verletzlich zu machen. Um den eigenen Verhaltensmustern und Anpassungsstrategien auf die Spur zu kommen. Um als Vater oder Mutter die Verantwortung für das zu übernehmen, was man sich im Nachhinein anders gewünscht hätte. Dafür, dass man das Beste gewollt und getan hat, es aber nicht immer gelungen ist. Dafür, dass man als Mutter oder Vater nicht perfekt war.

»Das Erste und Wichtigste ist, dass man sich selbst und einander verzeiht. (...) Kein oberflächliches ›Schwamm drüber‹, als genüge diese Formel, um alle Probleme aus der Welt zu schaffen. Man hat sein Kind ja nicht vorsätzlich übersehen. Wenn man es jetzt ›sieht‹, liegt es daran, dass man etwas gelernt hat – auch über sich selbst.«

Jesper Juul

»Und dann machen wir es
uns gemütlich.«

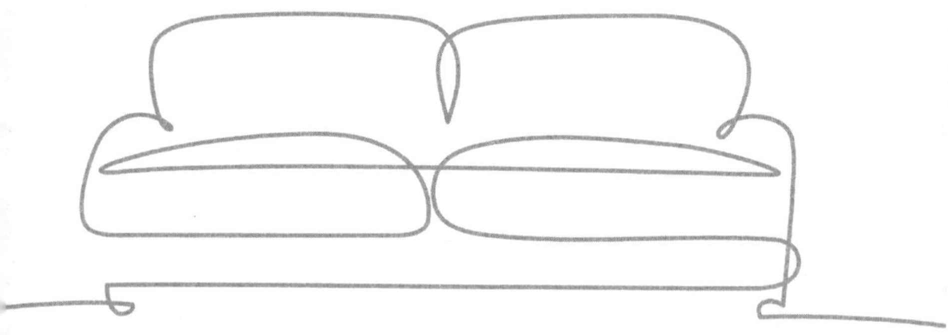

Die Krux mit der Quality Time

Was für ein schönes Konzept das ist: Sich in den Stürmen des Alltags Inseln der Ruhe zu schaffen, um die Gemeinschaft mit seinen Lieben umso intensiver zu genießen. Um das nachzuholen, was so oft auf der Strecke bleibt. Um sich aufeinander zu besinnen und achtsam zu begegnen. Um das Handy endlich mal beiseitezulegen und sich bewusst Zeit zu schenken. Um selbst wieder zu Kräften zu kommen und nebenher die Beziehung zu stärken. Um schöne Momente für alle zu schaffen, die sich in goldene Erinnerungen verwandeln werden.

Was für ein blödes Konzept das ist: Zu glauben, man könne im Schnelldurchgang das retten, was permanent im Argen liegt. Sich einzureden, man könne nach einem stressigen Arbeitstag in einen 30-Minuten-Jungbrunnen steigen und mit ein bisschen Frühchinesisch die Zukunftsaussichten seiner Kinder verbessern. Zu versuchen, Beziehungsqualität auf Knopfdruck herzustellen.

Zugegeben, über den Begriff der *Quality Time* lässt sich trefflich streiten. Was er übrigens mit dem Begriff der *Work-Life-Balance* gemeinsam hat. Doch es steht außer Frage, dass er einer tiefen und allzu verständlichen Sehnsucht entspringt. Der Sehnsucht nach gelingenden Beziehungen zu den Menschen, die uns am Herzen liegen. Dem Wunsch aller Mütter und Väter, gute Eltern zu sein und ihren Kindern Nähe und Geborgenheit zu spenden.

Das schlechte Gewissen

> Die Idee der Quality Time ist die logische Antwort auf den permanenten Zeitmangel, den viele von uns empfinden.

Gerade junge Eltern antworten auf die Frage, was sie sich am meisten wünschen, oft: »Zeit«. Mehr Zeit für sich selbst, mehr Zeit für die Kinder, den Partner, Freundinnen und Freunde, mehr Zeit für Hobbys, mehr Zeit für so ziemlich alles.

Dass die 24 Stunden eines Tages meist nicht ausreichen, um all das zu tun, was wir tun möchten, ist eine simple Tatsache. Somit ist der Gedanke, die karge Zeit besser und qualitätvoller zu nutzen, ebenso naheliegend wie verführerisch. Verführerisch vor allem, weil er unser schlechtes Gewissen beruhigt, womit wir bei einem der vielen Fallstricke wären, die mit dem Konzept der Quality Time einhergehen.

Gerade perfektionistisch veranlagte Eltern leiden oft unter einem schlechten Gewissen, weil die Realität mit ihren übersteigerten Ansprüchen nicht Schritt hält. Nicht Schritt halten kann.

> Doch Kindern ist nicht mit Eltern gedient, die ein schlechtes Gewissen haben, weil sie es auf sich selbst beziehen, wenn die Mama oder der Papa gestresst und unglücklich sind. Weil sie denken, mit ihnen selbst stimme etwas nicht.

Das ist das eine. Das andere ist, dass wir unser Kind wohl oder übel in den Mittelpunkt der Aufmerksamkeit rücken, wenn wir Quality Time mit ihm verbringen wollen. Mitunter fragen wir es auch, was es am liebsten tun würde, und wollen es zum Ausgleich für den Mangel an gemeinsamer Zeit darüber bestimmen lassen, was als Nächstes auf dem Programm steht.

Doch mit diesem Verhalten bürden wir unserem Kind zu viel Verantwortung auf – letztlich die Verantwortung für das Wohlergehen der gesamten Familie.

Die Paarbeziehung im Blick behalten

Wir vergessen dabei, dass die Atmosphäre in der Familie ganz wesentlich von der Qualität der Elternbeziehung abhängt beziehungsweise von der Stimmung eines einzelnen Elternteils. Jesper Juul hat die Paarbeziehung auch als »das erste gemeinsame Kind« der Eltern bezeichnet, das ebenso viel Liebe und Aufmerksamkeit braucht wie ihre echten Kinder.

Eltern tun nicht nur sich selbst, sondern auch der Gemeinschaft einen Gefallen, wenn sie dieses »erste Kind« nicht vernachlässigen. Tun sie es dennoch zugunsten der Beschäftigung mit ihrem Nachwuchs, so machen sie diesem damit keinesfalls das wertvolle Geschenk, das sie ihm zu machen glauben.

Auch wenn die Menge an gemeinsamer Zeit zu wünschen übrig lässt, tun Eltern gut daran, den Blick auf sich selbst und ihre Beziehung zu richten, statt um ihr Kind herumzutanzen und ihm jeden Wunsch von den Augen abzulesen. Je mehr Wünsche sie ihm erfüllen und je bunter das Unterhaltungsprogramm wird, das sie ihm bieten, desto fordernder und unzufriedener wird es werden.

Schließlich wird es wie einer der gefürchteten »kleinen Tyrannen« erscheinen – ein Begriff, mit dem Kinder diffamiert werden, denen es an Erwachsenen fehlt, die gut für sich selbst sorgen, elterliche Führung übernehmen und die damit verbundenen Entscheidungen treffen.

Außerdem herrscht ein weit verbreitetes Missverständnis darüber, was das Aufmerksamkeitsbedürfnis eines Kindes betrifft. Wenn ein Kind als egozentrisch und anstrengend empfunden wird, heißt es oft, es wolle nur »im Mittelpunkt stehen« oder »alle Aufmerksamkeit auf sich lenken«. Man kann es aber auch so sehen: Ein Kind will nicht im Zentrum der Aufmerksamkeit stehen, sondern auf die mangelnde Qualität des Kontakts hinweisen.

»Kinder holen sich so viel Aufmerksamkeit, wie sie können, aber sie benötigen glücklicherweise nicht so viel, wie sie wollen.«

Jesper Juul

Lässt sich Beziehungsqualität organisieren?

Das Problematischste am Konzept der Quality Time ist vermutlich der Trugschluss, dass sich Beziehungsqualität und -intensität organisieren lassen. Dass sich den schönen und verbindenden Momenten im Leben, wenn man sie schon nicht erzwingen kann, zumindest auf die Sprünge helfen lässt.

Gerade wenn es besonders schön werden soll, legen wir die Planung inzwischen gern in fremde Hände. Hochzeitsplaner und -planerinnen bereiten den »schönsten Tag des Lebens« so akribisch vor, dass quasi nichts mehr schiefgehen kann mit den ganz großen Gefühlen. Und die professionellen Organisatoren von Kindergeburtstagen werben schon mal damit, dass die Party für die Kleinen »garantiert unvergesslich« wird.

Doch wem keine Torte zu bunt, kein Clown zu lustig und keine Überraschung zu ausgefallen ist, der sollte sich nicht wundern, wenn die Glücksgefühle am Ende doch ausbleiben.

> Denn es sind oft die kleinen und stillen Momente, in denen wir uns miteinander verbunden und verstanden fühlen.

Es sind die unstrukturierten und ungeplanten Momente, die sich dann einstellen, wenn wir mit unseren Gedanken ganz woanders sind als bei der sogenannten Quality Time. In denen wir uns treiben und vom Zauber des Augenblicks überraschen lassen.

Sie können sich in den Ferien, während eines ausführlichen Abendessens, im Wald oder am Küchentisch einstellen. Das Entscheidende ist: Wir wissen es nicht im Voraus, und genau darin liegt ihre Qualität.

Eltern können den Boden für solche Momente bereiten, doch meistens benötigen diese eine gewisse Zeit der Absichtslosigkeit und der Muße, die ihnen vorausgeht. Und was auch immer man tut in diesen Situationen, die Eltern sollten sich stets bewusst sein, dass die Gemeinschaft und Verbundenheit miteinander wichtiger sind als die Aktivität selbst.

Der Charme des Augenblicks

Wie so ein Moment der spontanen Verbundenheit und Gemeinschaft aussehen kann, hat Caroline erlebt, als sie bei Freunden zu Besuch war:

»Während wir bei unseren Freunden waren, räumte die Großmutter der beiden Jungen, acht und zehn Jahre alt, gerade ihren Keller aus. Sie entsorgte ganze Berge alter Aktenordner und prüfte zuvor, welche Unterlagen und Rechnungen sie noch behalten wollte.

Es war für mich wunderbar, mitanzusehen, wie die beiden Enkel regelrecht an ihrer Großmutter klebten und mit großem Interesse die alten Rechnungen mit ihr durchgingen. Bei der Großmutter kamen viele Erinnerungen hoch, und die Kinder fanden es spannend, was sie in Verbindung mit den verschiedenen Rechnungen zu erzählen hatte.

Auf diese Weise verbrachten sie drei intensive Stunden miteinander. Ganz nebenbei lernten die Jungen noch ein bisschen was über Buchhaltung, den Sinn von Buchstabenregistern und die Notwendigkeit, gewisse Rechnungen über Jahre aufzubewahren.

Das ist für mich wahre Quality Time. Die Großmutter hatte keine Zeit, um mit ihren Enkeln einen Ausflug zu unternehmen, weil sie sich fest vorgenommen hatte, den Keller auszuräumen. Daraus entstanden ganz ungeplant drei Stunden der Nähe und Verbundenheit mit ihren Enkeln, von denen ihre Beziehung fraglos profitiert hat.«

Die Art der Aktivität hat nichts mit ihrer Qualität zu tun, das wird in diesem Beispiel besonders deutlich. Von Verfechtern des Quality-Time-Konzepts werden gern Kochen, Backen, Lesen, Brettspiele und Waldspaziergänge empfohlen – die Beschäftigung mit verstaubten Aktenordnern eher nicht.

Dass die Kinder dabei auch etwas gelernt haben, ist nur ein Nebeneffekt. Dies geschah ebenso ungeplant wie die gesamte Begegnung.

Vielleicht sollten wir uns alle darin üben, das Leben mit Kindern einfach auf uns zukommen zu lassen, statt die gemeinsame Zeit möglichst effektiv nutzen und ihnen immer auch etwas beibringen zu wollen.

Natürlich spricht nichts dagegen, einen Waldspaziergang mit ein bisschen Pflanzenkunde zu verbinden, doch wenn die gemeinsamen Momente stets der Wissensvermittlung dienen, dann leidet deren Qualität. Dann machen wir unser

Kind zum Objekt der eigenen Erziehungs- und Bildungsambitionen, statt es einfach so zu nehmen, wie es in diesem Moment ist.

Allen übrigen Eltern suggeriert eine solche Haltung zudem, dass sie sich nur genug anstrengen müssen, um der Zeitfalle zu entgehen. Eine ziemlich ungemütliche Botschaft.

Wenn wir uns vom Druck befreien, jederzeit gut organisierte, produktive und effiziente Eltern sein zu müssen, entlasten wir uns selbst und machen echte Quality Time mit unseren Kindern möglich.

»Wenn ich Nein sage,
fühle ich mich schlecht.«

Über die Schwierigkeit mit einem kleinen Wort

In Liebesbeziehungen möchten wir am liebsten immerzu Ja zueinander sagen. Zu unserer Partnerin, unseren Kindern und insbesondere zu unseren Neugeborenen, denen wir mit jedem Blick und jedem Lächeln versichern wollen, dass sie willkommen sind auf dieser Welt, dass wir ihre Existenz genießen und uns gut um sie kümmern werden.

Und so geht es weiter, das erste Lebensjahr hindurch und vielleicht auch darüber hinaus. In dieser Anfangszeit seines Lebens ist ein Kind vollkommen auf unser bedingungsloses Ja angewiesen. Darauf, dass wir seinen Hunger und Durst stillen, ihm Nähe, Schutz und Trost spenden, es nachts durchs Wohnzimmer tragen, wenn es Koliken hat, uns willig die Schulter vollsabbern lassen und mehr oder weniger gelassen sein Geschrei ertragen.

Danach kommt allmählich eine neue Aufgabe auf uns zu, über die sich die wenigsten Eltern in vollem Umfang im Klaren sind. Wir dürfen unseren eigenen Bedürfnissen wieder mehr Raum geben, was sich manche Eltern in der für sie so fordernden Säuglings- und Kleinkindphase schlichtweg abtrainiert haben. Sich zuzugestehen, die eigenen Grenzen zu wahren, heißt jedoch auch, unserem Kind gegenüber hin und wieder einmal Nein zu sagen. Warum das vielen Eltern so schwerfällt, hat vermutlich auch damit zu tun, dass das elterliche Nein in einer Tradition steht, die sie eigentlich beseitigen wollen.

Ein Nein steht für Abwehr und Verbot und hatte in früheren Generationen meist einen unfreundlichen, wenn nicht gar aggressiven Klang: »Nein heißt Nein!« Oder: »Ich hab Nein gesagt und damit basta!«

> Für ein freundliches Nein, dem man sogar eine gewisse Wärme attestieren könnte, fehlen uns meist Vorbilder und Fantasie. Dabei gibt es gute Gründe, sich beizeiten im Neinsagen zu üben.

Zum einen müssen wir das Neinsagen lernen, um zu uns selbst Ja sagen zu können, zu unseren persönlichen Grenzen, unseren Werten und unserer Integrität. Um unseren Kindern vorzuleben, dass man sich um des lieben Friedens willen nicht verbiegen und korrumpieren lässt, was im Übrigen zulasten des Selbstwertgefühls geht.

Für die langfristige Entwicklung unserer Kinder ist diese Erfahrung von unschätzbarem Wert. Zunächst lernen sie, dass man Nein sagen darf, ohne deswegen ein schlechtes Gewissen haben zu müssen. Und spätestens dann, wenn sie ihre eigenen Überzeugungen, ihre mentale und physische Gesundheit verteidigen müssen, sollten sie zu einem selbstgewissen und integren Nein in der Lage sein.

Wenn man bedenkt, wie früh Kinder heute mit den sozialen Netzwerken, mit Computerspielen, Pornografie, Alkohol und Drogen Bekanntschaft machen, ist diese Fähigkeit wichtiger denn je.

Wunsch oder Bedürfnis?

Leider gibt es keine goldene Regel, in welcher Situation ein Ja oder ein Nein angebracht wäre. Was nichts an der Binsenweisheit ändert, dass man Ja sagen sollte, wenn man Ja meint, und Nein, wenn man Nein meint, beziehungsweise wenn ein Ja aus voller Überzeugung oder aus ganzem Herzen nicht möglich ist.

Eine weniger gute Idee ist es, Ja zu sagen, wenn man eigentlich Nein meint, um einem Konflikt auszuweichen oder sein schlechtes Gewissen zu kompensieren. Wenn wir uns selbst zuhören, spüren wir sofort, wie wenig überzeugend und authentisch wir in solchen Momenten sind.

Zur Erinnerung: Die Fähigkeit, sich ebenso klar wie persönlich zu äußern, können wir uns hervorragend von den Kleinsten abschauen. Die haben noch nicht gelernt, um den heißen Brei herumzureden, herumzudrucksen, zu beschwichtigen, Vorwände zu erfinden oder zu Ausflüchten zu greifen. Die sagen einfach »Ich will« oder »Ich will nicht«. »Ich mag« oder »Ich mag nicht«.

Manchen Eltern hilft es, sich im Alltag die Frage zu stellen, wann ihr Kind ein echtes Bedürfnis hat oder ob es einem Wunsch beziehungsweise einer momentanen Lust Ausdruck verleiht. Wenn ein Kind Schokolade essen möchte, ist das ein Wunsch. Es hat gerade Lust auf Schokolade. Das Bedürfnis, das seinem Wunsch zugrunde liegt, lautet: *Ich habe Hunger*. Das Bedürfnis nach Hunger kann auch mit Brot oder einem Apfel gestillt werden. Es könnte natürlich auch sein, dass das Kind mit dem Wunsch nach Schokolade zum Ausdruck bringt, dass es unzufrieden ist oder sich langweilt.

Als Eltern schenken wir den Wünschen unserer Kinder zwar Beachtung, müssen diese aber nicht immer erfüllen. Das Grundbedürfnis eines Kindes sollte jedoch stets gesehen und anerkannt werden.

Wie beharrlich und erfindungsreich Kinder sein können, um ihren wahren Bedürfnissen Ausdruck zu verleihen, hat Caroline anlässlich einer geplanten Halloween-Party erfahren:

M. ging in die erste Klasse und kam mit der Einladung zu einer Halloween-Party nach Hause. Damals fing man in der Schweiz gerade erst an, diese amerikanische Tradition zu übernehmen. Mir war sie noch ziemlich fremd. Die Party sollte an einem Abend unter der Woche stattfinden.

Für mich war klar, dass M. daran nicht teilnehmen würde. Er ging immer sehr früh ins Bett und brauchte seinen Schlaf, vor allem, wenn ein Schultag folgte.

M. rebellierte und rebellierte, weil er unbedingt zu der Party gehen wollte. Ich war mir mit meinem Nein aber sehr sicher und konnte daher mit seiner Rebellion gut leben. M. war wütend und traurig. »Die ganze Klasse geht da hin und ich will auch!«, schrie er.

Da Kinder sehr schnell behaupten, dass alle aus der Klasse dies und jenes dürfen, ging ich auch auf diese Forderung nicht ein.

Am späten Abend, als er längst hätte schlafen sollen, schob er einen Zettel unter seiner Zimmertür hindurch. »Bitte lasst mich zu dieser Party gehen«, stand darauf. Ich war so erstaunt über diesen Zettel, weil M. sich mit dem Schreiben noch schwertat und sich nun so bemüht hatte, uns diese Nachricht zukommen zu lassen.

In diesem Moment war mir klar, dass es sich nicht einfach um einen momentanen Wunsch, sondern um ein echtes Bedürfnis handelte. Das Bedürfnis, ein Teil der Gemeinschaft zu sein und dazuzugehören. Daraufhin haben mein Mann und ich unsere Entscheidung geändert und M. erlaubt, auf die Halloween-Party zu gehen.

Der produktive Zweifel

Manchmal dauert die Entscheidungsfindung eben ein bisschen länger, oder wir ändern unsere Meinung, wie in diesem Fall, wogegen nicht das Geringste einzuwenden ist – ganz im Gegenteil!

> Von Eltern wird immer erwartet, dass sie alles sofort wissen, aber warum eigentlich? Eltern sind keine Automaten, die auf Knopfdruck Entscheidungen auswerfen, und es nützt ihnen auch nichts, im neuesten Erziehungsratgeber auf Seite 73 nachzuschlagen.

Sie müssen ihre Entscheidungen von der jeweiligen Situation abhängig machen und ihr Ja oder ihr Nein in sich selbst finden. Müssen prüfen, ob es im Einklang mit ihren Werten steht und sich richtig anfühlt.

Wenn es beispielsweise darum geht, ob die 15-jährige Tochter mit ihrem Freund allein in Urlaub fahren darf, dann können sich Eltern ruhig ein bisschen Zeit mit der Entscheidung lassen und ihre Unschlüssigkeit transparent machen. Sie können zu ihrer Tochter sagen: »Wir wissen, dass es ein großer Wunsch von dir ist, den wir dir auch gerne erfüllen würden. Aber erst mal brauchen wir ein bisschen Zeit, um in Ruhe darüber nachzudenken. Außerdem möchten wir mehr darüber erfahren, wie du dir alles vorstellst.«

So ein produktiver Zweifel ist kein Zeichen von Schwäche, sondern von Erziehungskompetenz.

Denn auch dadurch ermöglichen Eltern ihrem Kind die fundamentale Erkenntnis, dass wir alle oft unsicher und gespalten sind und dies nachvollziehbare Gründe hat. Dass die Antwort auf viele Fragen ein zähes Ringen ist und manchmal Zeit braucht. Dass es im Leben meist keine einfachen Antworten gibt, kein Richtig oder Falsch, kein Schwarz oder Weiß, sondern unendlich viele Graustufen.

Letztlich hat dieser Lernprozess auch politische Dimensionen, wenn wir unsere Kinder zu selbstkritischen, entscheidungsfähigen und mündigen Bürgern erziehen wollen.

Wohl die meisten von uns finden Personen äußerst lästig, die zu allem sofort eine Meinung haben. Die über nichts nachdenken müssen und binnen Sekunden ein Urteil fällen. Bei denen es keine Zwischentöne gibt, kein kluges Abwarten, kein Überlegen – und schon gar kein Ändern ihrer betonierten Ansichten.

Was sollte also falsch daran sein, unseren Kindern frühzeitig vorzuleben, dass wir es anders halten?

Die Eltern als Jasager

Die Leser*innen von *Harry Potter* wissen bereits, was geschieht, wenn Eltern immerzu Ja sagen, um Konflikten aus dem Weg zu gehen oder um ihr schlechtes Gewissen zu beruhigen. Zumindest hat es Harrys Erfinderin J.K. Rowling im ersten Band der Reihe »unvergesslich« beschrieben:

Dudley Dursley, der verhätschelte Sohn der Muggelfamilie, bei der Harry wohnt, ist sehr verärgert darüber, dass er an seinem elften Geburtstag nur 36 Geschenke bekommt – darunter ein Rennrad, eine Videokamera, ein ferngesteuertes Modellflugzeug, sechzehn neue Computerspiele, ein Videorekorder und eine goldene Armbanduhr –, denn letztes Jahr waren es 38. Seine Mutter macht ihn darauf aufmerksam, dass er das Geschenk seiner Tante Magda nicht mitgezählt hat. Doch erst als sie ihm versichert, noch am selben Tag zwei weitere Geschenke zu kaufen, damit er auf 39 kommt, gibt sich Dudley widerwillig zufrieden.

> Für Eltern geht es nicht darum, sich kurzfristig bei ihren Kindern beliebt zu machen, sondern ihre langfristigen Interessen zu wahren.

Wer immerzu Ja sagt, mag sich kurzfristig als guter Erzieher fühlen, doch langfristig höhlt dieses Verhalten die Beziehung zu unseren Kindern aus. Die Wahrscheinlichkeit ist groß, dass sie launenhaft und unzufrieden werden, weil sie an dem Versuch scheitern, herauszufinden, welche Person hinter diesem opportunistischen Jasager steckt, der ihr Vater oder ihre Mutter ist.

Dass unsere Kinder frustriert und traurig sind, wenn wir ihnen einen Wunsch abschlagen, ist eine natürliche und gesunde Reaktion, dir wir ihnen zugestehen sollten. Und dass manchmal Tränen fließen und wir als »doofe Mama« oder »blöder Papa« beschimpft werden, das müssen wir schon aushalten, weil es ein Teil des Elternjobs ist.

Auch darin – die Tränen unserer Kinder zu sehen und anzuerkennen, ohne uns korrumpieren zu lassen – können Eltern sich frühzeitig üben. Auf diese Weise tragen sie Sorge für ihre eigenen Grenzen und Bedürfnisse und übernehmen persönliche Verantwortung, ohne anderen dafür die Schuld in die Schuhe zu schieben.

> *»Wer a sagt, der muss nicht b sagen. Er kann auch erkennen, dass a falsch war. […] Ich brauche vielmehr einen neuen großen Brauch, den wir sofort einführen müssen, nämlich den Brauch, in jeder neuen Lage neu nachzudenken.«*
>
> *Bertolt Brecht, Der Neinsager*

»Jetzt weiß ich, wie Erziehen geht.«

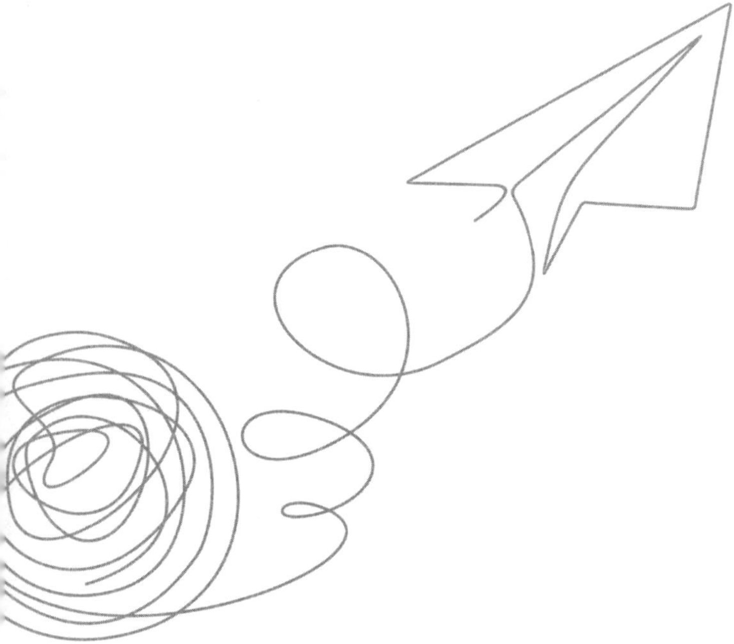

Wie geht es mir selbst damit?

Wer die Wahl hat, hat die Qual. Das gilt auch für die zahllosen Erziehungsmethoden, die jedem, der sich in diesen Dschungel hineinbegibt, schnell den Kopf schwirren lassen. Zuweilen werden diese Methoden auf ein einziges Adjektiv heruntergebrochen: autoritär, antiautoritär, autoritativ, demokratisch oder permissiv. Manchmal stehen sie in Verbindung mit Bildungseinrichtungen wie den Rudolf-Steiner- oder den Montessori-Schulen. Hinzu kommen Elternprogramme, die vielfältige Erziehungsfertigkeiten vermitteln.

Schon möglich, dass unsere Kinder eines Tages von KI-gesteuerten Avataren erzogen werden, die zuvor mit einer bestimmten Erziehungsmethode programmiert wurden. Doch bis es so weit ist, dürfen wir noch selber ran und uns eigene Gedanken darüber machen, nach welchen Grundsätzen wir unsere Kinder erziehen und wie wir sie begleiten wollen.

Die Sehnsucht nach einer Methode, die für Eltern wie ein sicheres Geländer ist, an dem sie sich festhalten können, ist überaus verständlich. Doch was versprechen wir uns überhaupt von Methoden? Eine gesunde Kindheit für unsere Sprösslinge? Weniger Arbeit für die Erwachsenen? Eine Erziehung ohne Konflikte? Eine einfache Art der Konfliktlösung?

Wer zu einer Methode greift, um Konflikte zu vermeiden, sollte sich vor Augen führen, dass Konflikte im Allgemeinen ebenso nützlich wie natürlich sind. Zwei Menschen treffen aufeinander, die zur selben Zeit unterschiedliche Wünsche und Bedürfnisse haben – nicht mehr und nicht weniger. Wenn wir reif und mutig genug sind, ihnen einen wahrhaftigen Ausdruck zu verleihen und konstruktiv mit diesem Gegensatz umzugehen, dann wächst die Gemeinschaft.

> Ein gesunder Umgang mit Konflikten führt zu einer gesunden Entwicklung aller Beteiligten.

Manchmal greifen wir auch zu Methoden, um eine simple Art der Konfliktlösung herbeizuführen, wie das Beispiel mit der Handygarage im Kapitel über Konsequenzen zeigt. Der Vater glaubt, einen einfachen Kniff gefunden zu haben, um das »Problem« zu lösen, doch ignoriert dieser Kniff die Lebenswirklichkeit seiner Tochter, wie sie ihm im Gespräch deutlich macht.

Eine verbreitete Methode ist auch das Time-out, also die Auszeit, die unser Kind vermeintlich braucht, um zur Ruhe zu kommen und über sein Verhalten nachzudenken. Mit dieser Begründung werden Kinder in Konfliktsituationen nach wie vor auf ihr Zimmer geschickt.

Wenn wir als Mutter oder Vater zu dieser Methode greifen, weil wir in einer bestimmten Situation hilflos sind und nicht weiterwissen, dann ist es eben so. Dann können wir immerhin Verantwortung für unsere Hilflosigkeit übernehmen, auch wenn die Methode weder konstruktiv ist noch die Beziehung stärkt.

> Auch wir Eltern brauchen hin und wieder eine Pause oder räumliche Distanz, um wieder zu uns selbst zu kommen. Nur sollten wir nicht dem Kind die Schuld an dieser Situation geben, sondern dazu stehen, dass wir als Eltern eben nicht perfekt sind und uns gerade keinen anderen Rat wissen.

Wenn wir deutlich machen, dass wir selbst am Anschlag sind und eine kurze Pause brauchen, dann bleibt die Verantwortung bei uns. Wenn wir unser Kind aber einfach wegschicken, beschämen wir es und lassen es im doppelten Sinn allein.

Vom Subjekt zum Objekt

Wie man es auch dreht und wendet, so stülpt man mit jeder Methode der individuellen Beziehung zwischen Eltern und Kind etwas Fremdes und Vorgefertigtes über. Dadurch wird sie zu einer Subjekt-Objekt-Beziehung, in der das Kind das Objekt ist, das jederzeit auf den Erfolg der Methode hin überprüft werden kann.

Um deutlich zu machen, wie sich eine Methode auf die Beziehung zwischen zwei Menschen auswirkt, lädt Caroline im Rahmen ihrer Beratungstätigkeit zu folgender Selbsterfahrungsübung ein:

> *Zwei Personen sind durch ein Seil miteinander verbunden, dessen Enden sie in Händen halten. Wenn sie die Augen schließen, dann spüren sie, ob die andere am Seil rüttelt, daran zieht oder es liebevoll schwingen lässt.*
> *Danach wird das Seil, dessen Enden immer noch von den beiden Personen gehalten werden, in der Mitte um einen Pfahl gewickelt. Nun sind sie nicht mehr direkt miteinander verbunden, weil der Pfahl zwischen ihnen steht, ihre Bewegungen abfedert und ihren direkten Kontakt verhindert. Ganz gleich, wie heftig die eine Person nun am Seil zerrt oder es sanft in ihrer Hand ruhen lässt, so spürt ihr Gegenüber nichts davon.*

Eine Methode ist wie der trennende Pfahl zwischen ihnen. Um miteinander in Beziehung zu sein, braucht es direkten Kontakt; müssen beide ihr Gegenüber spüren können. Eine Erziehungsmethode lenkt den Fokus vom Kind weg auf die Methode. Die Erziehenden fragen sich unweigerlich, an welche Regeln sie sich halten müssen, um das erwünschte Resultat zu erzielen, und was sie noch besser machen können. Denn letztlich soll ja ein Verhalten des Kindes produziert werden, das die Eltern als »gut« definieren, und unerwünschtes Verhalten eliminiert werden.

»Menschen sind keine Maschinen und bedürfen daher keiner ›Werkzeuge‹ oder ›Instrumente‹.«

Jesper Juul

Den Blick auf sich selbst richten

Erziehungsmethoden ist zudem gemeinsam, dass sie ausschließlich das Verhalten des Kindes in die gewünschte Richtung lenken sollen, die Situation der Erwachsenen aber außen vor lassen. Diese fokussieren sich auf die Anstrengung, ein bestimmtes Verhalten ihres Kindes auszulösen, statt sich zu fragen, wie es ihnen selbst damit geht. So kann es passieren, dass Eltern im Interesse der »guten Sache« stur an Methoden festhalten, die ihnen nicht liegen, ja, vielleicht sogar widerstreben.

Doch das Wohlbefinden der Eltern und die Qualität ihrer Paarbeziehung sind für das Kind von größerer Bedeutung, als es eine Methode je sein könnte. Glückliche Eltern haben glückliche Kinder, heißt es zuweilen, und wenn dies auch allzu pauschal daherkommt, ist doch zumindest das Gegenteil richtig: Wir können uns ein glückliches Kind schwerlich mit unglücklichen Eltern vorstellen.

Statt also zu vorgefertigten Rezepten und Methoden zu greifen, die uns vielversprechend erscheinen, sollten wir ruhig unserem Instinkt vertrauen, welcher Erziehungsstil zu uns passt. Welchen Ton wir unserem Kind gegenüber anschlagen wollen, mit welcher Haltung wir ihm begegnen. Womit wir uns wohlfühlen.

Was wir Erziehung nennen, ist ein ebenso reflexiver wie intuitiver Vorgang. Wir versuchen, unseren Werten und Überzeugungen Geltung zu verschaffen, können aber auch nicht aus unserer Haut heraus, was unser Temperament und unsere individuelle Veranlagung angeht. Eine Mutter, die eher weich und nachgiebig veranlagt ist, wird auf ihre Kinder keinen großen Eindruck machen, wenn sie sich um demonstrative Strenge bemüht. Auch das gehört zu ihrer Authentizität und Wahrhaftigkeit.

Hinzu kommt, dass wir alle, Kinder und Eltern, viel zu verschieden sind, um uns von irgendeiner Methode über einen Kamm scheren zu lassen. Was sich bei dem einen Kind als konstruktiv erweist, scheint beim anderen grundverkehrt zu sein; und was sich aus Sicht der Eltern vor Kurzem noch bewährt hat, scheitert plötzlich auf ganzer Linie.

Außerdem verändern auch wir Eltern uns ständig, entwickeln uns, machen neue Erfahrungen, ändern unsere Ansichten – sollten sich da nicht auch die »Methoden« wandeln, statt starr und unveränderlich zu sein?

Wodurch erziehen wir?

Es ist ein weitverbreiteter Trugschluss, dass unsere bewussten und zielgerichteten Maßnahmen der wichtigste Teil unserer Erziehung sind. Dass wir vor allem dann »erziehen«, wenn wir genau diese Absicht verfolgen, gut gemeinte Vorträge halten, unseren Kindern Lehren und Ratschläge erteilen, Regeln aufstellen und Verbote aussprechen.

Tatsache ist jedoch, dass die nonverbale Erziehung unsere Kinder weitaus stärker beeinflusst. Zum einen, weil diese unser Verhalten unbewusst nachahmen.

> Wer seine Mitmenschen im Allgemeinen freundlich und respektvoll behandelt, der kann getrost darauf setzen, dass dieses Verhalten auf seine Kinder abfärbt, und braucht keine langatmigen Reden über den Wert von Höflichkeit zu schwingen.

Zum anderen wirkt all das »erzieherisch«, was sich zwischen den Mitgliedern der Familie abspielt. Kinder integrieren nicht nur all unsere Gedanken und Überzeugungen in ihr Bewusstsein, sondern auch unsere Launen, Krisen und Auseinandersetzungen, unsere Freude und unser Glück, und schauen sich genau ab, wie wir mit diesen Dingen umgehen. Das sind die Phänomene, die ihre Persönlichkeit und ihre Art, mit anderen Menschen in Beziehung zu treten, prägen werden.

Der scheinbare Erziehungserfolg

Manche Eltern werden womöglich einwenden, dass sie mit bestimmten Methoden durchaus gute Erfahrungen gemacht haben und sie deshalb auch weiterhin anwenden wollen. Aus Sicht der Eltern mag dies richtig sein, doch sollten sie sich die Frage stellen, ob ihr Erziehungserfolg nicht vor allem mit dem Kooperationswillen ihres Kindes zu tun hat. Alles, was wir heute über die Kooperation von Kindern wissen, deutet darauf hin, dass sie sich verbiegen und ihre Integrität opfern, um ihren Eltern zu gefallen und diese glücklich zu machen. Dass sich eine Methode zu bewähren scheint, muss also nicht heißen, dass die Eltern etwas richtig gemacht haben oder dass ihr Kind etwas gelernt hat.

Schließlich sei daran erinnert, dass auch die autoritäre Erziehung im Sinne ihrer Verfechter*innen funktioniert: Das Kind gehorcht und die Eltern sind zufrieden.

> Die einzige Alternative zu starren Konzepten und Methoden ist die gleichwürdige Beziehung zu unseren Kindern. Sie wahrt deren Würde und psychische Gesundheit und verschafft uns die einzigartige Möglichkeit, voneinander zu lernen und uns gemeinsam zu entwickeln.

»Es gibt keine Methode oder Technik, die zu einem Selbst führen. (…) Die Einstellung ist der Schlüssel. Wenn man sein Mitgefühl und seine Liebe zu anderen wirken lässt, wird man sie finden. Die Mannigfaltigkeit der Wege zu

ihr entspricht der Einzigartigkeit des Einzelnen. Deswegen muss man seinen Weg allein finden. Begleitung und Freunde sind dabei nötig, aber die Verantwortung für die Wahl muss die eigene sein.«

Arno Gruen

Nachwort

Stellen wir uns einmal vor, wie die perfekte Familie aussähe, wenn es sie denn gäbe. Mit perfekten Eltern und perfekten Kindern und vielleicht einem kleinen perfekten Hund.

Konflikte gäbe es keine, weil bei aller Perfektion ja gar kein Anlass dazu bestünde. Und sollten sich wider Erwarten doch welche einstellen, würden die Eltern sie rasch, lautlos und unauffällig lösen, da sie die perfekten Tools für so etwas besitzen. Alle säßen gut gelaunt am Frühstückstisch und würden lächelnd ihre strahlend weißen Zähne zeigen, während ihr Hund kleine perfekte Kunststücke vorführte.

Wie könnte man sich das Frühstück der perfekten Familie vorstellen? Auf jeden Fall ohne verbrannten Toast oder Marmeladenflecken. Kein Krümel auf der Tischdecke. Nussnugatcreme? Viel zu ungesund! Vollkornbrot? Wir wollen hier keine Vorurteile schüren! Vielleicht nur frisches klares Wasser, da kann nichts schiefgehen. Es hätte nur keinen Nährwert, was gewissermaßen für die ganze perfekte Familie gilt.

Je weiter man diese Fantasie spinnt, desto deutlicher wird, dass Perfektion in Reinkultur eine ganz und gar absurde und beklemmende Vorstellung ist. Die »perfekte Familie« gleicht einem Luftschloss, in dem kein Kind freiwillig seine Ferien verbringen würde. Zu aseptisch, zu unfehlbar, zu blutleer und freudlos. Und dann noch dieser penetrante Geruch nach Reinigungsmittel!

Es ist kein Zufall, dass das Attribut »gnadenlos« nicht weit ist, wenn das Wort »Perfektionismus« fällt. Ja, Perfektionismus hat etwas Gnadenloses, vor allem, wenn er sich auf die Ansprüche bezieht, die Menschen an sich selbst haben.

Man kann all den Müttern und Vätern, die sich hohe Ziele stecken, um ihren Kindern bestmögliche Lebensumstände zu bieten, nur mit Respekt und Sympathie begegnen. Und viele Eltern, die sich von früh bis spät abrackern, um nicht nur ihren Kindern, sondern auch allen anderen Anforderungen gerecht zu werden, wollen sich verständlicherweise nicht auch noch »Perfektionismus« vorwerfen lassen.

Doch schon der große amerikanische Kinderpsychologe Bruno Bettelheim hat darauf hingewiesen, dass Eltern nicht alles richtig machen müssen, sondern dass es vollkommen ausreicht, »gut genug« zu sein.

Uns damit anzufreunden, dass »gut genug« ausreicht, könnte uns in vielen Bereichen des Lebens entlasten. Schließlich raubt uns der Anspruch, alles »hundertprozentig« machen zu wollen, enorm viel Zeit und Energie – sei es bei der Zubereitung eines festlichen Abendessens oder beim Schreiben einer Rede, die wir demnächst halten wollen.

> Wenn wir 80 Prozent unserer Kapazitäten nutzen, bekommen wir meist etwas Passables zustande. Die letzten 20 Prozent, die zur scheinbaren Perfektion fehlen, erfordern in der Regel einen so großen Mehraufwand, dass sich die Frage stellt, ob es die Sache wert ist.

Vielleicht sollten wir dem Anspruch nach Perfektion also die Kultur der 80 Prozent entgegensetzen. Was unweigerlich die

Frage aufwirft, was wir denn dann mit den 20 Prozent an gewonnener Zeit und Energie anfangen, aber das ist natürlich eine Fangfrage.

Ehe wir in die nächste Effizienzfalle tappen, könnten wir etwas tun, das sich die meisten von uns im Alltag längst abgewöhnt haben:

Treten wir einen Schritt zurück und betrachten wir unsere Kinder. Verbannen wir alle Gedanken an bewusste Erziehung, an Grenzen und Konsequenzen aus unserem Kopf und genießen wir einfach ihren Anblick. Erfreuen wir uns an ihren Macken und Launen ebenso wie an all ihren Talenten und Eigenarten. Vielleicht erkennen wir in ihrer liebenswerten Unvollkommenheit ja uns selbst.

Gespräche mit Jesper Juul

In den folgenden Gesprächen, die hier erstmals in Buchform erscheinen, möchten wir noch einmal Jesper Juul selbst zu Wort kommen lassen.

Caroline Märki im Gespräch mit Jesper Juul

Caroline: »Viele Menschen glauben, ein Kind kommt auf die Welt und muss noch viel lernen. Es muss vielleicht sogar ein bisschen zurechtgebogen werden. Du bist der Meinung, dass Kinder schon kompetent auf die Welt kommen. Wie meinst du das?«

Jesper: »Mit dieser Kompetenz meine ich, dass Kinder zwar als vollwertige Menschen auf die Welt kommen; sie kommen aber auch als Fremde zu uns, die unsere Kultur nicht kennen. Kinder brauchen in den ersten Jahren eine freundliche und empathische Begleitung. Sie haben immer den Drang, sich anzupassen und uns genau das zu geben, was wir uns eigentlich wünschen.«

Caroline: »Soll das heißen, dass das Kind in jedem Fall bestimmen kann? Beispielsweise wenn es abends sagt, es sei noch nicht müde, und nicht ins Bett gehen will.«

Jesper: »Nein, es geht nicht ums Bestimmen. Bestimmen gehört der Vergangenheit an, als Kindererziehung immer ein Machtkampf zwischen Eltern und Kind war. Ein Machtkampf, den die Eltern unbedingt gewinnen mussten.

Heute sehen wir es anders. Die Schwierigkeit besteht darin, den eigenen Wertvorstellungen einen zentralen Platz einzuräumen. Eine autoritäre Erziehung funktioniert ebenso wenig wie eine demokratische. Eine Demokratie kann zwar wertvoll sein, doch gibt es immer auch Verlierer. Statt Auseinandersetzungen und Verhandlungen brauchen wir viel mehr Dialog. Das Ziel der Eltern muss es sein, ihre Kinder kennenzulernen.

Wenn Eltern entscheiden, dass ihr Kind jeden Abend um 19.15 Uhr schlafen soll, ist das doch absurd. Kein Mensch schläft auf Kommando ein. Auch wir Erwachsenen nicht. Bevor wir anfangen, unsere Kinder verändern zu wollen, müssen wir sie ein bisschen kennenlernen. Das ist das Wichtigste für eine gelingende Beziehung zwischen Eltern und Kind.«

Caroline: »Viele Eltern wollen ihr Kind fördern. Was braucht ein Kind an bewusster Förderung? Wie ist deine Meinung dazu?«

Jesper: »Ich glaube, dass das Leben als Kind an sich schon eine große Herausforderung ist. Damit kommen Kinder gut zurecht, damit haben sie aber auch genug zu tun. Es ist nicht notwendig, sie zu fördern. 99 Prozent der Kinder sind von sich aus motiviert, wollen Neues lernen und sich entwickeln. Mich stört die Idee, dass wir darüber entscheiden wollen, wie sich unsere Kinder entwickeln. Dass wir uns dieses Recht herausnehmen wollen.«

Caroline: »Eltern fragen mich immer wieder, wie sie das Selbstwertgefühl ihrer Kinder stärken können. Was ist deine Antwort dazu?«

Jesper: »Das ist eine einfache Frage, die eine sehr komplexe Antwort erfordert. Das Selbstwertgefühl eines Kindes entwickelt sich allein in ihm selbst. Von seinen Eltern braucht das Kind im Grunde nichts anderes als Engagement und Interesse an seiner Person.

Eltern sollten sich nicht damit beschäftigen, wie sie ihr Kind in einer Woche oder in ein paar Jahren gern hätten, sondern sich ganz darauf konzentrieren, wie ihr Kind in diesem Moment ist. Wie seine Realität am heutigen Tag und in dieser Minute aussieht.

Darüber sollten sie mit ihrem Kind reden und ihm helfen, seinem individuellen Erleben Ausdruck zu geben und eine Sprache dafür zu finden. Dem Kind spiegeln, wie es gerade ist. Ihm nicht vermitteln, wie es ihrer Meinung nach sein sollte, sondern feststellen: Ach, so bist du! Das ist ein wichtiger Punkt, wenn es um den Aufbau des Selbstwertgefühls geht.«

Caroline: »Das Kind so akzeptieren, wie es ist?«

Jesper: »Ja. Aber nicht nur akzeptieren, wie es ist, sondern sich auch darüber freuen: Was bin ich froh, so ein Kind wie dich zu haben. Das ist das Wichtigste.«

Caroline: »Eine Mutter hat mir geschrieben, dass ihre zehnjährige Tochter sehr chaotisch ist. Dass es ihr schwerfällt, alltägliche Dinge zu erledigen, zum Beispiel ihre Schuhe wegzuräumen oder Schulhefte in eine Mappe zu legen, damit sie nicht zerknittern. Auch in der Schule wäre sie schon oft dafür getadelt worden. Die Mutter versucht zwar, ihre Tochter so zu akzeptieren, wie sie ist, aber es müsse doch auch ein Minimum an Regeln und Vereinbarungen geben, die einfach eingehalten werden müssen. Was kann diese Mutter tun, damit ihre Tochter das Nötigste an Sorgfalt und Ordnung lernt?«

Jesper: »Es hört sich so an, als wäre diese Tochter nicht trotzig, sondern eher philosophisch und ein bisschen langsamer, als sich das andere von ihr wünschen. Die Mutter könnte sich mit ihrer Tochter zusammensetzen und in etwa Folgendes sagen: ›Hör mal, es ist für mich immer schwierig, dass du so langsam bist und Dinge vergisst. Das ist für mich ein Dilemma, weil ich dich ja gut finde, so wie du bist. Aber ich sehe, dass manches, das von außen an dich herangetragen wird, zu viel für dich ist. Ich weiß nicht, was ich machen kann. Kannst du mir dabei helfen?‹

Sehr oft hat eine Zehnjährige dann eine Idee. Und wenn nicht, dann braucht man in diesem Moment keine Entscheidungen zu treffen, denn schon so ein Gespräch an sich kann zu einer Veränderung führen. Schimpfen oder Loben muss man nicht. Es geht ausschließlich um eine ernsthafte Begegnung von Mensch zu Mensch.«

Caroline: »Was kannst du uns zur Kooperation von Kindern sagen?«

Jesper: »Kinder kooperieren von Anfang an, und zwar so gut, wie sie es eben können. Sie wollen ihre Eltern froh und zufrieden machen. Um dieses Ziel zu erreichen, müssen sie oft über ihre eigenen Grenzen gehen und ihre Integrität opfern. Wenn ein Kind nicht mehr kooperiert, dann kann man mit ziemlicher Sicherheit davon ausgehen, dass es in letzter Zeit zu viel kooperiert hat. Eltern brauchen ihrem Kind nicht beizubringen, wie man sich anpasst, denn das tut es von ganz allein. Ältere Kinder kann man fragen, warum ihnen die Kooperation manchmal so schwerfällt.«

Caroline: »Was können Erkennungszeichen für eine übermäßige Kooperation sein?«

Jesper: »Dies zu erkennen ist schwierig, denn wir merken es in der Regel viel zu spät, wenn ein Kind überkooperiert. Diese Kinder sind ja sehr beliebt, und so fragen wir uns nicht, ob vielleicht etwas nicht stimmen könnte. Nur wenn ein Kind, das immer Ja gesagt hat, plötzlich anfängt, Nein zu sagen, dann wissen wir, dass es damals zu viel war.«

Caroline: »Eine andere Mutter schreibt mir, dass sie am Rande der Verzweiflung und Erschöpfung sei. Ihr Sohn ist zweieinhalb Jahre und seine kleine Schwester elf Monate alt. Die Mutter hat den Eindruck, dass ihr Sohn sie ständig provoziert. Ich zitiere: ›Ich sehe seine (Schaden-)Freude, wenn ich seine verbotenen Handlungen bemerke, wenn er z. B. seine kleine Schwester geschlagen hat oder mir davonrennt, wenn ich ihm neue Windeln anziehen will. Warum tut er das? Wie soll ich darauf reagieren?‹«

Jesper: »Die Frage, warum er das tut, ist einfach zu beantworten. Er zeigt deutlich auf, dass er mit der Beziehung zu seiner Mutter sehr unzufrieden ist. Das kann an der Art und Weise liegen, wie seine Mutter mit ihm redet, oder eine Folge der Geburt seiner kleinen Schwester sein. Eines ist klar: Sein Verhalten ist eine Einladung an die Erwachsenen, sich für seine Welt zu interessieren. Könnte der Junge die richtigen Worte dafür finden, würde er vermutlich sagen: ›Könnt ihr bitte in meine Welt kommen? Mir geht es schlecht.‹«

Caroline: »Leider greifen Eltern bei solchen Regelverletzungen oft zu sogenannten Konsequenzen.«

Jesper: »Ein Kind in diesem Alter entwickelt keine Strategien, um seine Mutter zu bestrafen oder zu verletzen. Es mag vielleicht so aussehen, aber der Junge sagt eher: ›Ich weiß, dass dir mein Verhalten wehtut, aber ich meine es nicht so schlimm und will mit dir spielen. Denn mit Spaß könnten wir unsere Beziehung ein bisschen heilen.‹ Diese Mutter muss vorsichtig sein, dass sie ihr Kind nicht zu einem ›Teufelskind‹ macht, denn das ist es nicht.«

Caroline: »Eine weitere Mutter schreibt mir, dass ihr 15-jähriger Sohn kaum noch mit ihr spricht. Sie spürt, dass es ihm nicht gut geht, doch auf alle Gesprächsangebote reagiert er sehr einsilbig oder verlässt den Raum. Jetzt fragt sie sich, wie sie wieder mehr Kontakt zu ihm bekommen kann. Sie würde ihrem Sohn so gern helfen, weiß aber nicht, wie sie das machen soll.«

Jesper: »Wenn die Kommunikation in diesem Alter gar nicht mehr funktioniert, dann war sie schon vorher nicht gut. In diesem Fall vermute ich, dass die Kommunikation zwischen Mutter und Sohn in der Vergangenheit hauptsächlich aus Fragen bestand. Heute sendet der Sohn eindeutige Zeichen aus, dass es ihm nicht gut geht. Er hat viele Probleme, aber keine Hoffnung, dass er von seiner Mutter Hilfe und Unterstützung bekommen wird.

Ich glaube sehr wohl, dass diese Mutter ihren Sohn unterstützen und ihm helfen will. Wenn sie mit ihrem Sohn in einen echten Dialog treten will, muss sie ihm gegenüber ihre eigene Hilflosigkeit und ihren Schmerz deutlich machen. Wenn sie ihm aber als Helferin und Besserwisserin gegenübertritt, ist der Dialog von vornherein zum Scheitern verurteilt. Für einen 15-Jährigen ist das demütigend und es kann von ihm nicht akzeptiert werden, selbst wenn er gerne möchte. Mutter und Sohn sind in einer Lage, die schmerzhaft für beide ist.«

Caroline: »Viele Eltern machen sich große Sorgen, wenn ihre Kinder sich weigern, weiterhin zur Schule zu gehen. Eine Mutter schrieb mir, sie trage doch die Verantwortung dafür, dass ihr Kind zu Schule geht, und sie müsse ihr Kind doch so erziehen, dass es nicht aus dem Rahmen fällt.«

Jesper: »Wenn das tatsächlich die Wertvorstellungen der Eltern sind – Kinder so erziehen, dass sie nicht aus dem Rahmen fallen –, dann müssen sie sich an diesem Punkt eingestehen, dass es ihnen nicht gelungen ist. Denn ihr Kind fällt definitiv aus dem Rahmen, wenn es sich weigert, zur Schule zu gehen. Diese Eltern haben jetzt zwei Möglichkeiten: Die eine besteht darin, ihre Elternverantwortung auf eine neue Art und Weise wahrzunehmen. Die andere ist, ihrem Kind die Schuld an seiner Lage in die Schuhe zu schieben.

Von einem Jugendlichen erfordert es sehr viel Mut, seinen Eltern zu sagen, dass er nicht mehr zur Schule gehen mag. Das müssen die Eltern zunächst anerkennen, ehe sie zu ihrem Kind vielleicht Folgendes sagen: ›Du weißt, dass dein Verhalten allem widerspricht, was wir selbst glauben und wollen. Wir wollen aber trotzdem gerne deine Eltern sein und mit dir einen Dialog haben. Was ist los? Brauchst du Hilfe? Wie können wir dir helfen?‹

Wenn für einen Jugendlichen alles reibungslos funktioniert, dann braucht er den Rat und die Unterstützung seiner Eltern so gut wie gar nicht. Wenn es ihm aber nicht gut geht in seinem Leben, dann braucht er dringend Eltern, die ihn sehen und hinter ihm stehen.«

Eltern fragen – Jesper Juul antwortet

Frage: »Welche Vorteile bietet eine Erziehungskultur, die das Erlernen bzw. das Übernehmen von Verantwortung ins Zentrum stellt?«

Jesper Juul: »Da gibt es viele Vorteile. Die Erwachsenen müssen nicht so hart um ihre konstitutionelle Macht kämpfen. Die Kinder brauchen heute ja eine Menge persönlicher Verantwortung. Sie leben in einer komplexen Welt, in der sie auf einer gesunden Grundlage viele Entscheidungen treffen müssen. Die alten Moralvorstellungen ihrer Eltern machen auf sie hingegen immer weniger Eindruck und verlieren im Vergleich zu den Vorstellungen der Peers an Einfluss.«

Frage: »Kinder lernen nach und nach, immer mehr Verantwortung zu übernehmen. Für Eltern lässt sich nicht immer leicht abschätzen, wofür genau ein Kind selbst Verantwortung übernehmen kann. Wie kann ich herausfinden, ob ich meinem Kind ein angemessenes Maß an Verantwortung übergebe?«

Jesper Juul: »Meiner Erfahrung nach lohnt es sich nicht, damit zu warten, bis die Eltern meinen, es sei nun an der Zeit. Wir können beobachten, wie die unentbehrlichen Konflikte zwischen Eltern und Kindern ablaufen. Die Eltern sind der Ansicht, dass sie immer noch die Verantwortung für gewisse Dinge tragen. Doch wenn die Konflikte zunehmend negativ im Ton werden, dann können sich die Eltern überlegen, die Verantwortung auf das Kind zu übertragen, beispielsweise für die Nutzung ihres Handys oder ihre Kleider.

Eltern können sagen: ›Wir haben diese Verantwortung bis jetzt übernommen. Lange hat das so gepasst, doch nun wollen wir diese Verantwortung an dich weitergeben. Bist du dazu bereit?‹ Natürlich kommt es vor, dass Kinder sich überschätzen, aber es ist wichtig, dass man ihnen die Möglichkeit gibt zu üben. Man kann sie beispielsweise zwei bis vier Wochen lang üben lassen, dann wieder darüber reden und die Verantwortung gegebenenfalls wieder zurücknehmen, etwa für die Hausaufgaben. Das Kind ist dafür verantwortlich, dass es sich Hilfe holt, wenn es Hilfe braucht.«

Frage: »Warum passen offenbar immer weniger Kinder in unser Schulsystem? Liegt es daran, dass die Eltern ihrer Verantwortung nicht gerecht werden? Dass die Kinder nicht mehr richtig erzogen werden?«

Jesper Juul: »Nein, das glaube ich nicht. Es hängt vielmehr damit zusammen, dass das Schulsystem nicht mehr zeitgemäß ist. Denn die Kinder, die heute zur Schule gehen, die sind nicht mehr gehorsam und haben keine Angst mehr vor den Erwachsenen. Von Eltern und Lehrkräften wird heute erwartet, dass sie sich in einen echten Kontakt mit dem Kind begeben.«

Frage: »Unsere Tochter ist zehn Jahre alt und geht in die vierte Klasse. Seit einem Jahr hat sie einen sehr strengen, autoritären Lehrer, der von seinen Schülern und Schülerinnen vor allem Gehorsam verlangt. Unsere Tochter ist von Natur aus eine sehr starke Persönlichkeit und eher philosophisch veranlagt. Sie leidet sehr unter den disziplinarischen Vorgaben und dem psychischen Druck, den dieser Lehrer ausübt. Für die Gefühle meiner Tochter habe ich vollstes Verständnis. Doch zerreißt es mir fast das Herz, sie unter diesen Integritätsverletzungen leiden zu sehen.

Wenn ich voller Mitgefühl sage: ›Komm, bleib heute zu Hause‹, dann zeige ich ihr, dass man Schwierigkeiten aus dem Weg gehen kann. Und wenn ich zu ihr sage, dass sie trotz ihrer Ängste zur Schule gehen muss, frage ich mich, ob ich als Mutter verantwortungslos handele. Wie kann ich meiner Tochter am besten den Rücken stärken?«

Jesper Juul: »Das ist eine sehr komplexe Frage. Ich schlage vor, dass sich beide Eltern, ihre Tochter und ihr Lehrer zu einem gemeinsamen Gespräch treffen. Ich weiß aber auch, dass genau dies oft unmöglich ist, weil der Lehrer gar nicht auf die individuelle Persönlichkeit seiner Schülerin eingehen will und sich an ganz anderen Werten orientiert.

Ich kann nur hoffen, dass Ihre Tochter noch andere Lehrer und Lehrerinnen hat, damit dieser eine nicht so ins Gewicht fällt. Sollte das nicht der Fall sein, würde ich meiner Tochter etwa Folgendes sagen: ›Solche Menschen gibt es leider, und die Frage ist, wie du damit umgehen willst. Wenn du in deinem Alter in die totale Konfrontation gehst, verlierst du. Aber versuch mal, deinen Fokus auf die anderen Lehrer zu legen und die Stunden mit diesem irgendwie zu überleben. Ich weiß, dass es schwierig ist, und wenn es wirklich nicht geht, dann müssen wir noch mal darüber reden.‹«

Frage: »Müssen die Kinder nicht auch lernen, sich in hierarchischen Systemen zu bewegen und damit Verantwortung für ihr Weiterkommen im System zu übernehmen, auch wenn der Preis zumindest vordergründig Gehorsam und vielleicht gleichzeitiger Widerstand sind?«

Jesper Juul: »Die einfache Antwort ist ja. Das müssen Kinder lernen, und zwar weil sie ja nicht freiwillig zur Schule gehen. Sie ist hierarchisch aufgebaut und die Schulzeit dauert sehr lange. Lehrer beklagen sich oft darüber, dass die Kinder ganz allgemein keine Disziplin haben, aber das ist nicht wahr. Denn dieselben Kinder, die in der Schule undiszipliniert sind, können im Karate- oder Fußballklub sehr wohl Disziplin an den Tag legen. Das liegt daran, dass sie die Autorität dort selbst gewählt haben.«

Frage: »Wie begründe ich als Lehrerin, dass bei mir die Grundhaltung Verantwortung im Zentrum meiner pädagogischen Bemühungen steht? Was entgegne ich Eltern, die den Gehorsam schätzen?«

Jesper Juul: »Es ist eine herausfordernde Aufgabe, die eigenen Überzeugungen darzulegen, ohne diesen Eltern das Gefühl zu geben, sie hätten alles falsch gemacht. Man hat ein Recht darauf, es anders zu machen.

Es gibt verschiedene Elternhäuser und Philosophien. Sie können sagen, dass sie einen anderen Standpunkt vertreten und sich zugleich für die Sichtweise der Eltern interessieren. So entsteht ein Dialog und vielleicht machen Sie Eindruck dabei.«

Frage: »Ich will, dass mein Kind sich selbst die Schuhe putzt. Es soll für seine sauberen Schuhe selbst verantwortlich sein. Nun ist es aber so, dass es immer wieder vergisst, seine Schuhe zu putzen, oder einfach keine Lust dazu hat. Als Mutter bin ich bereit, Verantwortung abzugeben, aber mein Kind übernimmt sie nicht. Wie soll ich mich verhalten?«

Jesper Juul (lacht): »Das ist ein Klassiker, weil Sie die Verantwortung ja nur unter der Bedingung abgeben, dass Ihr Kind es so macht, wie Sie es wollen. Doch das wäre reiner Gehorsam. Da können Sie auch genauso gut beim alten Erziehungsstil bleiben. Besser wäre es zu sagen: ›Ich sehe, dass das Schuheputzen für dich nicht so wichtig ist wie für mich. Deshalb behalte ich die Verantwortung.‹«

Frage: »Wenn Eltern Verantwortung abgeben, haben sie oft das Gefühl, dass sie damit einen Teil ihrer Macht verlieren. Verwechseln sie damit nicht irgendetwas?«

Jesper Juul: »Nun, teilweise haben diese Eltern schon recht. Viele von ihnen denken ja, dass sie bis zur Pubertät ein Recht auf diese Macht haben. Gerade in dem Alter, in dem Kinder zu Jugendlichen werden, sind sich viele Eltern unsicher, wie viel Verantwortung sie weiterhin tragen und welche Anteile davon sie auf ihre Kinder übertragen sollen. Diese Unsicherheit ist berechtigt und sollte für Eltern Grund genug sein, sich mit den Jugendlichen zusammenzusetzen und genau darüber zu reden. Über ihre Unsicherheit und Ängste und über die Weitergabe von Verantwortung. Eltern haben die Wahl, ob sie ihre Macht behalten oder diese in die Hände ihrer Kinder legen.«

Jesper Juul im Gespräch mit familylab Schweiz

familylab: »Wenn Eltern dir zuhören und deine Bücher lesen, dann leuchtet ihnen vieles ein. So will ich es auch machen, sagen sie sich, doch wenn es an die Umsetzung geht, bekommen sie Schwierigkeiten.«

Jesper: »Schwierigkeiten beim Umsetzen haben viele. Auch ich habe jahrelang üben müssen.«

familylab: »Es entspricht nicht deiner Haltung, Kinder so zu erziehen, dass sie fit werden für die Welt. Du betonst vielmehr, dass Kinder von sich aus kooperieren.«

Jesper: »Ja. Ich beobachte, dass Erziehung sowieso stattfindet. Kinder werden nahezu rund um die Uhr erzogen, wenn sie mit ihren Eltern zusammen sind. Oft machen wir in dieser Hinsicht viel zu viel.«

familylab: »Viele Eltern weisen ihr Kind zurecht, wenn sie beispielsweise sagen: ›Nein, das geht jetzt nicht! Ich will meine Ruhe haben und lesen!‹ Dann fallen sie in alte Muster, die sie von ihren Eltern kennen, werden laut, ungeduldig und streng. Doch eigentlich wollen sie nicht, dass das passiert, weil sie einen neuen Ton im Umgang mit ihren Kindern anstreben.«

Jesper: »Alles darf passieren. Ein großes Missverständnis ist die Idee, man könne es richtig oder falsch machen. Wir können nur unser Bestes geben, und wenn wir erleben, dass unser Verhalten unangenehm ist, dann können wir versuchen, es zu ändern. Manchmal klappt das und manchmal nicht. Für unsere Kinder ist das keine Überraschung.«

familylab: »Ein weiterer Wert, der bei dir eine wichtige Rolle spielt, ist Authentizität. Du meinst, Eltern sollten zu ihren Kindern ruhig Nein sagen, wenn sie gerade etwas für sich selbst tun wollen. Doch viele Eltern ertappen sich dabei, dass sie Jein oder Jaja sagen, wenn sie eigentlich Nein meinen. Manchmal tun sie das bewusst, weil es ihrer Strategie entspricht. Manchmal tun sie es aus Gewohnheit.«

Jesper: »Ich glaube, das geht vielen so. Aber wir sollten uns das vergeben, denn wir sind einfach nicht dazu erzogen worden, ein Nein zu sagen, das freundlich klingt. Ich selbst habe als Kind nur ein unfreundliches oder aggressives Nein zu hören bekommen, im Sinne von: ›Frag nicht so viel!‹ Manchmal hieß es auch: ›Das können wir uns nicht leisten. Das weißt du doch!‹

Ich stelle fest, dass wir manchmal zu uns selbst Ja sagen müssen. Zu unseren Gefühlen, Grenzen und Werten. Dazu gehört, dass es innerhalb einer Kultur, auch einer Familienkultur, erlaubt sein muss, Nein zu sagen. Aber wir wissen alle, dass es uns gerade in Liebesverhältnissen äußerst schwerfällt, Nein zu sagen. Im Grunde wollen wir immerzu Ja sagen, doch dann bleibt keine Zeit mehr für uns selbst übrig. Wir müssen für uns selbst Verantwortung übernehmen und für uns einstehen.

Zu unserem Kind können wir ohne Weiteres sagen: ›Ich möchte jetzt eine Stunde lang in Ruhe gelassen werden.‹ Und wenn mein Kind das nicht akzeptiert, können wir es fragen, warum es so schwierig ist, mich ernst zu nehmen. Weder will ich einen Streit noch einen Machtkampf mit meinem Kind. Ich will nur eine Stunde für mich selbst haben.

Viele halten dieses Nein für einen Kontaktabbruch. Dabei ist es nichts anderes als meine persönliche Grenze, für die ich in diesem Moment einstehe. Vor allem Frauen haben damit ihre Mühe. Sie wünschen sich einen Konsens und bringen es nur schwer übers Herz, ihrem Kind oder einem nahen Menschen ein Nein entgegenzuhalten. Sie wollen, dass ihre Kinder verstehen und einsehen, dass man hin und wieder eine Stunde für sich selbst braucht. Doch Kinder müssen unsere Entscheidung nicht verstehen. Vielleicht werden sie wütend und finden ihre Eltern doof. Aber so ist es dann eben.«

familylab: »Kleine Kinder waren ja sehr lange der Mittelpunkt ihrer Eltern, was die Kinder als Liebe verstehen. Und nun verstehen sie nicht, dass ihre Eltern plötzlich andere Prioritäten haben.«

Jesper: »Das ist ein Lernprozess. Auf diese Weise lernen sie, dass andere Menschen auch Grenzen haben. Dadurch entsteht Empathie.

Wenn wir nicht lernen, uns selbst ernst zu nehmen, dann sagen wir so viel wie möglich Ja. Und wenn wir eigentlich nicht Ja sagen wollen, dann sagen wie Jaja, meinen es aber nicht ernst. Oder wir sagen Ja, aber unser Körper signalisiert ein Nein. Eine Zeit lang geht das gut, doch irgendwann beginnt es zu schmerzen. Dann fragen wir uns: ›Warum bin ich immer für andere da? Sie aber nicht für mich?‹«

familylab: »Was empfiehlst du werdenden Eltern, die gut starten, sich aber auch rechtzeitig mit dem Nein vertraut machen wollen?«

Jesper: »Kinder brauchen in den ersten 18 Monaten ein fast bedingungsloses Ja zu ihnen. Ein Ja, das ihnen sagt: Du bist willkommen und wir schauen auf deine Bedürfnisse. Dennoch muss es möglich sein zu sagen: ›Ich bin oft gerne noch ein paar Stunden für dich wach, aber jetzt möchte ich eigentlich schlafen.‹ Das wäre schon mal eine gute Übung für später, wenn es mit dem Neinsagen so richtig schwierig wird.«

Weiterführende Literatur

Baer, Udo/Frick-Baer, Gabriele: Wie Traumata in die nächste Generation wirken. Untersuchungen, Erfahrungen, therapeutische Hilfen, Semnos 2010

Bauer, Joachim: Warum ich fühle, was du fühlst. Intuitive Kommunikation und das Geheimnis der Spiegelneurone, Heyne 2006

Bauer, Joachim: Schmerzgrenze. Vom Ursprung alltäglicher und globaler Gewalt, Heyne 2013

Charf, Dami: Auch alte Wunden können heilen. Wie Verletzungen aus der Kindheit unser Leben bestimmen, Kösel 2018

Gruen, Arno: Wider den Gehorsam, Klett-Cotta 2014

Gruen, Arno: Der Verrat am Selbst. Die Angst vor Autonomie bei Mann und Frau, dtv 1992

Hüther, Gerald: Würde. Was uns stark macht – als Einzelne und als Gesellschaft, Pantheon 2019

Jensen, Helle u. a.: Hellwach und ganz bei sich. Achtsamkeit und Empathie in der Schule, Beltz 2014

Juul, Jesper: Dein selbstbestimmtes Kind, Kösel 2020

Juul, Jesper: Bonuseltern, Kösel 2011

Juul, Jesper: Nein aus Liebe, Kösel 2008

Juul, Jesper: Was Familien trägt, Kösel 2006

Warnke, Krista/Lievenbrück, Berthild: Momente gelingender Beziehung. Was die Welt zusammenhält – eine Spurensuche mit Jesper Juul, Gerald Hüther, Gesine Schwan u. a., Beltz 2015

Juul, Jesper/Høeg, Peter/Jensen, Helle/Bertelsen, Jes u. a.: Miteinander. Wie Empathie Kinder stark macht, Beltz 2012

Largo, Remo: Babyjahre. Entwicklung und Erziehung in den ersten vier Jahren, Piper 2014

Largo, Remo: Kinderjahre. Die Individualität des Kindes als erzieherische Herausforderung, Piper 2017

Marks, Stephan: Scham. Die tabuisierte Emotion, Patmos 2019

Marks, Stephan: Die Würde des Menschen ist verletzlich, Patmos 2017

Zitatnachweis

»Kinder haben keine Probleme …«

Jesper Juul im Interview mit Christina Berndt, Süddeutsche Zeitung vom 07. Mai 2012

»Es gibt keinen anderen Menschen …«

Jesper Juul/Helle Jensen, Vom Gehorsam zur Verantwortung, Beltz 2009

»Ganz gleich, um welche Gefühle es geht …«

Jesper Juul, Fünf Grundsteine für die Familie, Kösel 2015, S. 66

»Wir brauchen uns nicht vor Konflikten …«

Diese Worte werden Charlie Chaplin zugeschrieben. Eine verlässliche Quelle konnte trotz sorgfältiger Prüfung nicht gefunden werden.

»Das Entscheidende für die Qualität …«
Jesper Juul, Grenzen, Nähe, Respekt, Rowohlt 2015, S. 88

»Der Mensch kann nicht leben …«
Franz Kafka, Betrachtungen über Sünde, Leid, Hoffnung und den wahren Weg, erschienen in *Hochzeitsvorbereitungen auf dem Lande*, Fischer 1980

»Ein monoton vorgetragenes Lob …«
Jesper Juul, Lob und Perfektionismus schaden dem Selbstwertgefühl, Schweizer ElternMagazin Fritz+Fränzi, Ausgabe Mai 2018, Publikation mit freundlicher Genehmigung der Stiftung Elternsein, Zürich

»Meine Schwester wird geboren …«
Ingmar Bergman, Laterna Magica, Alexander 2011

»Konflikte zwischen Kindern und Eltern …«
Jesper Juul, Grenzen, Nähe, Respekt, Rowohlt 2015

»Kinder wollen dazugehören …«
Gerald Hüther, Momente gelingender Beziehung, Beltz 2015, S. 55

»Wir sind so abhängig von Gemeinschaft …«
Ruth Hansen/Peter Mortensen, Familientherapie im Hier und Jetzt, edition+plus, 2019, S. 233

»Das Erste und Wichtigste …«
Jesper Juul, Dein kompetentes Kind, Rowohlt 2018, S. 127

»Kinder holen sich so viel Aufmerksamkeit …«
Jesper Juul, Die moderne Familie und ihr entscheidendes Dilemma, erstmals erschienen auf symptome.ch, einsehbar auch unter familylab.ch/wp-content/uploads/Die-moderne-Familie-und-ihr-entscheidendes-Dilemma-JJ.pdf (zuletzt aufgerufen am 04.12.2023)

»Wer a sagt, der muss …«
Bertolt Brecht, Der Neinsager, Die Stücke von Bertolt Brecht in einem Band, Suhrkamp 1978, S. 254

»Menschen sind keine Maschinen …«
Jesper Juul, Was Familien trägt, Kösel 2006, S. 13

»Es gibt keine Methode …«
Arno Gruen, Der Verrat am Selbst, dtv 2015, S. 161

familylab.ch familylab Schweiz

familylab Schweiz ist eine unabhängige, konfessionell und politisch neutrale Organisation mit dem Ziel, die Beziehungskompetenz von Eltern und pädagogisch/therapeutischen Bezugspersonen zu stärken. Es ist ein Ort der Inspiration und Beratung für interessierte Eltern und Fachpersonen, die eine solide Basis im Miteinander finden wollen und ihre eigenen Werte entwickeln möchten. Die Vision von familylab ist eine Gesellschaft mit weniger Gewalt, Missbrauch, Sucht und Vernachlässigung. familylab Schweiz bietet Elterngruppen, Vorträge, Seminare und die vierjährige Ausbildung Erlebnisorientierte Familienberatung an.

Family Management GmbH
Caroline Märki
Lindenhofrain 6
CH-8708 Männedorf
familylab.ch
familylabcampus.ch
cmberatung.ch
cmaerki@familylab.ch
+41 (0)78 788 38 79

familylab Deutschland GmbH
Heidy de Blum
familylab.de
info@familylab.de
+49 (0)157 3960 24 34

familylab auf internationaler Ebene

Die im Jahr 2014 gegründete familylab Association umfasst aktuell 29 Mitgliedsländer aus Europa und Übersee. Der Verein ist eine gemeinnützige Organisation, die die Mitgliedsländer in ihrer Arbeit für Familien, Schulen und Unternehmen unterstützt – sowie deren Entwicklung und Organisation begleitet. familylab Association hat die Bewahrung und Verbreitung von Jesper Juuls Werten zum Ziel, darunter Gleichwürdigkeit, Eigenverantwortung, Integrität und Authentizität, nimmt aber auch weitere Werte wie sozialen Respekt, Sicherheit und Stabilität innerhalb von Familie, Schulen, Unternehmen und unserer Gesellschaft in den Fokus.

Neuhofstraße 5a, CH-6340 Baar
familylabassociation.com
info@familylabassociation.com
+41 (0)41 544 77 94

Deutsch-Dänisches Institut für Familientherapie und Beratung
Das Deutsch-Dänische Institut für Familientherapie und Beratung bietet – wie familylab Schweiz – die vierjährige Ausbildung Erlebnisorientierte Familientherapie an. Das Institut hat diesen beziehungsorientierten Ansatz von Jesper Juul aus Dänemark nach Deutschland gebracht und weiterentwickelt.

Deutsch-Dänisches Institut für Familientherapie und Beratung – ddif

Christine Ordnung
Ebersstraße 80/80a,
D-10827 Berlin
ddif.de
info@ddif.de
+49 (0)30 24 17 11 10